JN037666

そろそろ仏教にふれよう

古舘伊知郎　佐々木 閑
Furutachi Ichiro　*Sasaki Shizuka*

PHP新書

はじめに――古舘伊知郎

「死ぬことはちっとも嫌なことじゃない」

こんなことをいきなり言われたら驚くでしょう。でも、仏教の開祖である釈迦《しゃか》（ブッダ）の仏教ではこれが世の真理だと言う。なぜ釈迦はそんな僕たちの常識ではありえないことを言っているのか、僕も初めは理解が追いつかなかったものです。だって、死んだことがないから実感が湧かないし、そもそも死ぬのは怖いし、嫌だ。でも、人生の中で「死」を意識せず楽しく生きることは不可能なのかもしれません。

身内の死は悲しいし、老いや病気だって怖い。そういった悲しみや苦しみとどのように向き合うべきなのか――。驚くことに、原始釈迦仏教にふれるうちに、そのヒントが少しずつ見えてきたのです。世界にはキリスト教をはじめ、いろいろな宗教がありますが、僕が仏教に興味を持ったのは「苦しみから解放される」という教義に魅せられたからです。

仏教にふれ始めたきっかけは、姉の死により「人生後半を自分はどう生きるか」について考えたからでした。当時はちょうどバブルが弾けたあとで、日本経済が急激な不況に陥《おちい》っていました。働いて収入を得ることは大事、日々の生活からは逃れられないと思う一方で、この世界はかりそめなんじゃないかという漠たる思いもありました。

そんななか、日本でポピュラーな『般若心経《はんにゃしんぎょう》』や『法華経《ほけきょう》』から、古い『法句経《ほっくぎょう》』まで、たくさんの仏教関係の本や漫画を読んだり、ライフワークにしている「トーキングブルース」という一人語りのライブで仏教をテーマに掲げたりしながら、下手の横好きでずっと仏教を学んできました。初めは「仏教は仏教」という認識でしたが、日本で信仰されているのは、浄土宗や浄土真宗といった「大乗仏教」という仏教の中の一つの枝葉にすぎないことがだんだんとわかってきました。

すると、大乗仏教の中に「釈迦の仏教」がチラチラ見え隠れする。仏教の根底に何があるのだろう、と興味が湧いてきたときに、仏教学者である佐々木閑先生の著書に出合いました。

佐々木先生の著書をたくさん読み、「釈迦が説いた仏教の本質って、本当はそうだったんだ!」と膝を打ったところが何カ所もあったわけです。

なかでも驚いたのが、日本で広く信仰されている大乗仏教は、釈迦が二五〇〇年前に説いた本来の仏教とは教義の内容が違うということ。大乗仏教は我々日本人に親しみやすく、現在に至るまで信仰されている素晴らしい宗教ですが、じつは釈迦の入滅《にゅうめつ》後に教義がアレンジされて日本に伝わったものなのです。仏教にふれている方でも、いま初めて知ったという人もいるのではないでしょうか。

仏教では釈迦は釈迦牟尼仏《むにぶつ》という仏ですが、一神教の神のような超越的な救済者の存在も、永遠不滅の魂も否定しています。宗教と言うと「非現実的」「なんか怪しい」というイメージがあるかもしれませんが、釈迦の仏教はひと味違います。釈迦は「幸せの反動で苦しみや悲しみがくるから、いつも平穏でいろ」「自分の感情に飲み込まれてはいけない。自我をなくせ」と言います。

釈迦の仏教では、生きる苦しみと真っ向から対峙しなければなりません。だから、ものすごく苦《にが》い。釈迦の仏教が漢方薬だとしたら、大乗仏教はりんごジュースです。大乗仏教には現世利益《げんぜりやく》という楽しみが加味されているから美味しい。漢方薬は苦いから、口あたりのいいりんごジュースが飲みたくなります。でも、漢方薬はつねに服用していれば、完全には治らないけど免疫力が上がり、心身のバランスが取れていきます。

僕はもともと、自我や欲が強い人間です。お金を稼いで良い暮らしがしたいと思うし、好きなことを喋りだしたら止まらない。病気や死も怖い。でもそんな僕が「人生のセカンドステージ」に入ってから釈迦の仏教にふれて、それまでよりも自我と欲に正直に向き合えるようになりました。

「老い、病気、死が怖い」「ポジティブに生きねばならないという風潮がプレッシャーになって生きづらい」――。そう感じている多くの人に、本書を通して、苦しみを軽減する釈迦の仏教のメソッドを伝えたいのです。

今回は釈迦の素晴らしい真理でもある「縁起」のおかげで、釈迦の仏教の碩学《せきがく》であり、僕が勝手に師と仰いでいる佐々木閑先生との対談が叶いました。

僕たちはさまざまな形で仏教的なことにふれながら暮らしていますが、それは本来の釈迦が説いた真理ではなく、多種多様な教義の混合物です。

本書では、釈迦の仏教の基本、大乗仏教が日本に伝わった歴史と変遷、そして僕を含めて多くの人が人生後半で直面する「老・病・死」といった苦悩や生きづらさを佐々木先生に投げかけ、釈迦が説いた真理を探っていきます。

読者の皆さんには、釈迦の真理の世界へ見学者としてツアーに参加するような気持ちで読み進めていただきたい。そして、読み終えたときには「死ぬことはちっとも嫌なことじゃない」という意味の本質を少しでもつかんでいただけることを願っています。なにも自殺を肯定したり、生きること自体を否定したりするというわけではなく、「なんか心が軽くなった」「前よりも死ぬのが怖くなくなった」と少しでも思ってもらえたら十分です。

この本がきっかけとなり、僕のように釈迦の推し活をする仲間が一人でも増えたら嬉しく思います。いつかファンの集《つど》いを開催して、皆で釈迦の仏教について語り合いましょう。

人生後半、そろそろ仏教にふれよう　目次

第二章

原始釈迦仏教編　《古舘伊知郎×佐々木 閑》

第三章

大乗仏教編 《古舘伊知郎×佐々木 閑》

第四章 仏教と現代社会問題編 《古舘伊知郎×佐々木 閑》

おわりに――佐々木 閑

第一章

人生後半、僕が釈迦の仏教に熱中する訳

古舘伊知郎

身近な死に直面して、生きる苦しみがわかる

僕は、高校から立教大学の附属校に通っていました。ミッション・スクールでしたから、聖書の授業や礼拝をするチャペル・アワーもあり、キリスト教に馴染《なじ》みはありました。でも、その頃は宗教にまったく興味がありませんでした。いまも特定の宗教を強く信じていませんから、ずっと無宗教で生きてきました。

自分の人生について深く考えるようになったのは、勤めていたテレビ局を二十九歳で辞めてフリーランスになった頃です。テレビ局のアナウンサー時代はいろんな苦労はありましたが、組織に守られていました。また、当時はバブル期の始まりで日本全体が好景気に沸き、僕自身も独身で能天気だったと思います。

でも、フリーアナウンサーに転身したら、明日はどうなるかわからない。将来、結婚して子どもが産まれたら、当然家族を養っていくという役柄を全うしていかなければいけない。漠たる不安を抱きつつ、「生きるとは何なのか、死ぬとは何なのか」と死生観についても考え始めました。

そんななか、僕が三十一歳のとき、六つ上の姉がスキルス性の胃がんになりました。何が基準なのかわかりませんが、傍目から見たら幸せそうな家庭に、突然の悲しみが襲うわけです。姉は大手術をして闘病生活を送っていました。三年経ってようやく元気になった矢先に、婦人科系統に転移が見つかったのです。トータルで三回手術をしましたが、四十二歳で亡くなりました。人は儚《はかな》くも死んでいくのです……。

フランスの哲学者ウラジーミル・ジャンケレヴィッチは、こんな死生観を提唱しています。「一人称の死」は「自分の死」です。でも、もちろん死を経験してからもう一度人生を生きることはできません。「三人称の死」は「彼や彼女の死」。遠い異国で戦争や災害で誰かの命が奪われたら悲しいと思うけれど、それを引きずらずに僕たちは日常の生活に埋没しています。そして「二人称の死」は「家族や友人などの近しい人の死」ですから、最も身近に死を経験することになるのです。

僕は、姉という「二人称の死」を目の当《ま》たりにして初めて死を実感し、仏教を学びたいと強く思うようになりました。いま「釈迦の推し活」をしているのは、生きることへの漠然とした不安に対する一つの保険なのかもしれませんし、自我と欲が強い心の片隅に真理という拠り所を持って生きていたいからです。

ただ、姉の死に際して一つ悔やんでいることがあります。身内のエゴイズムで姉を無理に延命させようとしたことです。そのときは善いことだと思っていましたが、いまもずっと心の中に引っかかっているのです。

シニカルな作風で知られているアメリカの小説家カート・ヴォネガット・ジュニアの作品の中に、「善意への素晴らしい道は悪で敷き詰められている」という言葉があるのですが、これが胸に突き刺さります。僕と母はどうしても姉に長く生きていてほしい。だから医者と一緒になって化学療法をすすめたわけです。

現在は、患者が納得のいく医療を選択できるインフォームド・コンセントや、医師が患者に直接、余命告知をする時代になりました。ある意味で余命の推測ができますから、「未練の始末」ができますが、やっぱり患者も家族もショックだと思います。

姉が亡くなった三十三年前は、「死を知らせることは残酷である」と考えられていましたから、家族としては事実を隠して延命することが善かれかしと思う。姉は小さい子どもがいるから生きたいと願う。いろいろな気持ちが絡み合うなか、化学療法を選択したのです。

いまも抗がん剤で苦しんでいる人は多くいると思いますが、当時の抗がん剤は、徹底的に正常細胞をも痛めつけ、ご飯も食べられないから点滴だけで生きている状態になります。それでも僕たち家族は、「胃潰瘍《いかいよう》だから助かるんだよ」という物語をつくって姉に聞かせていました。

そんななかで、父だけは「それじゃいかん」と思ったのでしょう。姉に「死に抗わないで楽になってもらいたい」と死を宣告しました。そして「自分も必ずそっちに行くよ」と告げたのです。姉の気持ちを楽に落ち着かせるためにと、乾坤一擲《けんこんいってき》の勝負に出たのだと思います。あとになって考えてみたら、一日でも一秒でも長く生きてほしいと願うのは、家族への情愛からくるエゴだと気づきました。一方、父のように、「死で楽になるんだよ」って言ってしまうほうがエゴではないように思うのです。

ただ、姉が亡くなり告別式が終わると、父と母の姿がないことに気づきました。姉の変わり果てた骨を拾いたくないと完全に逃げたわけです。焼き場へ移動するマイクロバスの窓越しから、駅のほうへ歩く二人の後ろ姿が見えたときに、人間って弱いなと痛感しました。

生きることとは決して綺麗なことではない。清濁を併せて呑んでどう生きるのか。己の欲望とどう向き合うのか。悲しみとは何なのか。苦しみとは何か。そういったことが、うわっと押し寄せてきたときに、僕は仏教に自然と興味を持ち始めました。どう生きるかを説く宗教が多いなか、仏教は死と真っ向から対峙しているように思えたのでしょう。誰に導かれたわけでもなく、ただ学びたいという一心で仏教に救いを求めたんだと思います。

最近は僕の知っている方が何人も亡くなり、「いつかは自分も死ぬんだ」と痛切に感じて怖くもあります。でも、僕には釈迦の教えがある。死という苦しみから逃れる方法を追究した釈迦が悟った真理とはどのようなものなのか。もっと真理にふれていけば死の恐怖は軽減できると信じています。

この第一章では、僕がなぜ「釈迦の推し活」をしているのかをお伝えします。まずは難しく考えずに、「釈迦の真理ってこんな感じか」と波打ち際でポチョポチョッとふれるように読み進めてください。釈迦の仏教の真理については、第二章からの対談で佐々木閑先生に詳しく解説していただきます。皆さんと一緒に、真理の海の奥底まで潜っていきたいと思っています。

釈迦の仏教は、苦から逃れるトレーニング

「老・病・死」への苦しみ、「生きること」への漠たる不安。そして、身近な人の死を悲しむ「愛別離苦《あいべつりく》」、ほしいものが得られない「求不得苦《ぐふとくく》」、自分の心や体が思いどおりにならな

い「五蘊盛苦《ごうんじょうく》」、人を憎んだり羨んだり妬んだりする「怨憎会苦《おんぞうえく》」。人間は、そういったものの塊です。かくいう僕のマインドは「四苦八苦」。一〇八つの煩悩だらけで、「この苦しみから少しずつ離れていけ」とアラートが鳴っています。今年（二〇二四年）で七十歳を迎えますから、死への恐怖から解放される準備もしなければいけません。だから釈迦の推し活をして、苦しみから逃れるトレーニングをつねにしているわけです。

最近はテレビ番組に出演すると、「若い奴らは俺をいじって、バカにしやがって」と喜びながらもイライラしていることがあります。共演者に対して「自分を捨てて相手側の立場になれ」と、自分は相手側の立場に立たないで怒っているわけです。「That's怨憎会苦」です。この苦しみの因《もと》は相手に対する強い欲望や執着でしょう。

僕は、苦しみから逃れるトレーニングを「怨憎会苦のマンション」と呼んで、いつも頭の中に釈迦の仏教の「突き放し部屋」を設定しています。その部屋にはクローゼットがあり、扉を全開するとすべて見渡せて、僕の怨憎会苦ぶりがよくわかります。つねに自分を突き放して、客観的に自分の中の邪悪さを眺めることで、人に対する憎しみや嫉みから発生する苦しみのエネルギーを少しずつ軽減させることができます。夏の炎天下で過熱しているアスファルトにちょっと打ち水し、風鈴を鳴らして縁台に座っているような気持ちになれるんですよね。

もし自分の中に平穏な心があれば、相手に対して怒る必要はありません。怒りで自分の精神をコントロールできなくなると、「意識」に自分を奪われそうになるから、心のトレーニングは大事なのです。

解剖学者の養老孟司先生から、「意識なんてろくでもないから信用できないですよ。だから意識は六掛けでいい」と言われたことがあります。僕たちは意識によってすべてのことができると思い込んでいるようですが、じつは意識なんてなくても人間は自動的に動いていいます。しゃっくりをしたり、くしゃみをしたり、トイレに行ったり、生命を営むために無意識に動いているわけです。

もし、自分の意識が全部を支配していたら、しゃっくりも、くしゃみも、トイレも我慢ばかりしてしまうでしょう。だから無意識の状態って素晴らしい。

僕の意識が「喋るのをやめなさい」って命令したとしても、絶対にやめられませんよ。僕のお喋りは無意識みたいなものだから。喋りたいという煩悩を無意識に置き換えるのもズルいのですが、本能的に喋りたいから喋ってきたのです。まさしく、喋りたいという煩悩が因で四苦八苦するのだと釈迦の仏教は説いているわけです。心の中に煩悩がある限り、日常の中で苦しみは生み出され続けるのです。

「生きていることが苦しみだ」なんて言われたら嫌ですよね。人生には苦しいことや悲しいことはあるけど、楽しいことや嬉しいことだってあると反論したくなるでしょう。でも釈迦の仏教は、「一切皆苦《いっさいかいく》」が基本です。この苦しみの一番の原因が、「いつまでも生きていたい」という自己保存の本能と、「生きていることが幸せ」という思い込み。だから、幸せの絶頂で不幸を予感したり、得も言われぬ不安に襲われたりする。そして、なんとかして不幸から逃れて幸せを維持しようと、もがき苦しみます。

たとえば、プロのアスリートではない人が、毎日トレーニングジムに行かないと気が済まないというのも、一つの苦しみだと僕は思うわけです。肉体を気にしすぎて「筋トレ中毒」になって、筋肉が疲弊してもやらずにいられない。本人は苦しいと思わず、（意識は）筋肉をつける喜びを感じているつもりになって、ジムではマシーンとにらめっこで「ウーン」と苦しんでいるのです。

また現代人は、シチュエーションに合わせてさまざまな役柄を演じることにも汲々としているように思います。家では立派な父親、会社では決められた役職があり、立場に応じて態度や発言を調節しなければなりません。もちろん役職が課長から部長に変わることもあり、

「あの人、昇進したら急に意見が変わったよね」などと陰口を叩かれることも耳にします。組織の価値観に合わせて働いているのですから、変わるのは当たり前。課長だったときの自分はもういないんだから、部長という役職を反映して意見を決めるのは当然です。

でもよくよく考えてみると、何か違和感を覚えませんか？　役柄を全部取り払ってみると、生身の人間である「私」しか残らないのです。

釈迦は、「諸行無常《しょぎょうむじょう》」だからこの世のすべての事象は刻一刻と変化している、そして「諸法無我《しょほうむが》」だから「私」すらも存在しないと言います。諸行無常という言葉は『平家物語』の冒頭に出てきますから、見聞きしたことがある人も多いと思いますが、諸法無我はあまり馴染みがないかもしれません。普遍的なものはない、私は存在しないと言われたら、ややこしく感じるでしょう。釈迦の推し活をしている僕でも混乱するほどです。

人間はつねに幸せを希求するから「よりよく生きよう」「人生は素晴らしい」と意識が自分に語りかけてきます。自我から発せられる煩悩だから、そればかりを望んでしまうと必ず副作用はあります。だから釈迦は「自我に縛られず、ほどほどに生きましょう」と言ってくれているのかもしれません。

いまの時代は競争が激しく、正解を求められるから、「我々は！　我々は！」と言い争い、戦争も起きてしまう。我々は「我《が》」の集まりですからね。

遠い国で戦争が起きていますが、他人事《ひとごと》ではないと思うのです。「日本は〝平和国家〟だから、自分たちは直接手を下しているわけではありません」と言いながら、武器の売買に舵《かじ》を切っています。紛争当事国に絶対に武器を売らないと言っても、別の国に売り、その国が当事国に売り、武器ロンダリングになりうるから、結果的に戦争に加担しているわけです。

個人の恋愛にしても、好きだと燃え上がったり、嫌いになって別れたり、人間は自我に支配されて崩壊寸前ですよ。

一人ひとりが自我を少しずつ削り取っていけば、もっとふわっとした良い世の中になるはずです。だから僕は、釈迦の仏教を精神的な拠り所、抱き枕みたいにしているのだと思います。

分別も両極端もダメ！　ほどほどがちょうどいい

当然ながら、誰もが幸せをつかみたいと願っています。つかみ取りたい具体的な対象があれば、幸せと不幸せを区別するボーダーラインもはっきりと見えてきます。

でも実際は、二項対立じゃなくて表裏一体。不幸が幸せを支えているし、幸せが不幸を支えている。不幸があるから幸せを感じられるし、反対も然りです。だから、本来の世界は分別なんかない。白黒を二分する境界線を消し去って、分別したがる固定観念を取っ払ってみる。それが悟るということなのでしょう。でも、矛盾だらけの僕には悟ることは無理だから、境界線を完全に消すまではいかなくても、「あれ、消えてきたかも」と線をぼかすくらいでいいと思っています。

たとえば遠足のピクニックの山道で、大きな蜘蛛《くも》の巣を見た聡明な小学生の女の子が「糸に絡まった綺麗な蝶《ちょう》が、黒い蜘蛛に食べられそうでかわいそう」と言ったら、先生は「あなたは賢いね、優しいね」と褒める。二人とも、蝶は綺麗で黒い蜘蛛は怖いから蝶がかわいそうと言うのです。これは、釈迦の仏教では大間違い。食物連鎖という自然の法則の中でのやり取りであって、蝶と蜘蛛の間に生命としての区分はないはずなのに、人間の勝手な物差しで見るから線を引くわけです。

仏典にも「牛は水を飲んで乳とし、蛇は水を飲んで毒とする」という言葉があります。牛は乳をつくり、蛇は毒をつくるというだけであって、善い・悪いもないのに、人間の都合で脳にバイアスをかけて分別して線引きしています。

このように僕たちは分別ばっかりしていますから、釈迦の仏教を念頭に置いておかないと、好きか嫌いかの二者択一で、どんどん自我が肥大していくのでしょう。

分別の境界線だけではなく、結論が出なかったり、自分自身の心の中で折り合いがつかなかったりすることもありますよね。最近では、もっともらしい理屈で相手を説き伏せて「はい、論破！」なんて得意気に言うのが流行《はや》っているみたいですが、一方では「多様性が大事だ」とか言うわけです。本当に矛盾だらけです。

あるオフィスで仕事の打ち合わせをしているときに、壁にあった貼り紙を見て驚きました。「わが社は全社一丸となって、多様性を目指しています」って。一丸になったら多様性なくなるでしょ！　論理がちぐはぐです。人間も社会も間違いだらけだから、「ほどほどにしなさいよ」と言ってくれる寄る辺がほしいわけですよ。

釈迦が悟りを開いて初めて弟子に説法した教えが「中道」です。これは修行をするときに、どのような姿勢で向き合うべきかを教えています。

琴を弾くとき、その弦を強く張っても、緩く張ってもいい音色は出ません。だから、強くしすぎず、緩めすぎない、ちょうどいいところで弦を張ると素晴らしい音色になる。これは、中道を弾琴にたとえた有名な話です。釈迦の仏教は、道を極めることは弦の張り方と同じ、極論と極論は絶対ダメだから歩み寄ったちょうど真ん中の道を行くことがいい、という教えです。

さまざまな場面で選択が迫られる時代だからこそ、この教えに救われる人は必ずいると思うのです。僕が釈迦の仏教に惹かれるのは、「ちょっといい加減でもいいんだよ」と言ってくれているところ。一つの透徹した信念で生きていくなんて、僕には到底できません。もう一〇八通りの信念という名の煩悩を持つ男なのでブレまくりですよ。

釈迦も喋りのプロだった⁉

以前、言語学者の金田一秀穂先生とYouTubeで対談したときに、僕が「あぁ言い間違えた」「こういう表現のほうが正しい」と言葉に過敏になって喋っていたら、「古舘さんの好きなお釈迦様が言った煩悩の最たるものが、言葉じゃないでしょうか」とおっしゃっていました。金田一先生は言語学を研究していて、つくづくそう思うんだそうです。僕は金田一先生の言葉をこう勝手に解釈しています。

「もしかすると釈迦は悟ったとき、言葉を遣って自我を伝えようとする人間の愚かさに気づいたのかもしれない。言葉を道具として喋り、文字に起こして書物を残し、そうやって自分の考えを知ってほしいと願うのは煩悩だと。だから、言葉を低下させたほうが本当はいいのでしょう」

喋っていてもいいけど、煩悩だとわかったうえで喋りなさいということですね。釈迦が僕に、「あまり自我を暴走させず、小さめに生きろよ」と優しく語りかけてくれているような気がしてなりません。釈迦は絶対に喋りのプロだったんじゃないかと思っています。

「方便《ほうべん》」といって、釈迦は話す相手によって説法の内容を巧みに変えたりもします。「嘘も方便」の方便とは、仏教用語で「人びとを真の教えに導くための仮の手段」という意味を持つ言葉です。嘘はネガティブに捉えられがちですが、ときには人の心を打つ宝にもなるのです。釈迦の仏教ではなく大乗仏教になってからの教えですが、「三車火宅《さんしゃかたく》の喩《たとえ》」という話があります。

ある町に長者とその家族が大きな屋敷で暮らしていました。屋敷は老朽化がひどく、出入り口は一つしかありません。ある日、屋敷で火事が起こり、長者は火事に気づいて逃げ出しましたが、子どもたちは遊びに夢中になって外に出てきません。そこで長者は「お前たちがほしがっていたおもちゃの車があるよ。羊車《ようしゃ》、鹿車《ろくしゃ》、牛車《ごしゃ》をあげるからすぐに出ておいで」

と嘘をつきます。子どもたちは大喜びで戸外へ出てきます。長者は、火事から子どもの命を守るための方便を使ったわけです。

また、釈迦は自分が喋っていることすべてが正しいとは言いませんし、皆に崇《あが》め奉ってほしいなんてつゆほども思わない。「私はそう悟ったのでお伝えしておきますね」って言うだけです。僕にとっては釈迦の仏教が心の礎《いしずえ》になっていますから、釈迦の言葉で納得して手打ちするわけです。

そして、異なる意見や考え方に対して肯定も否定もせず、真理は永遠に深いところまでいくから、もうそれ以上のことは考えない。だから混乱することもありません。やっぱり釈迦の中道の精神って、すごくカッコイイ。

大乗仏教はお節介で皆が救われる

日本の仏教には天台宗《てんだいしゅう》や真言宗《しんごんしゅう》、浄土宗、浄土真宗、日蓮宗《にちれんしゅう》、禅宗などさまざまな宗派があります。こういった日本で信仰されている仏教は「大乗仏教」と呼ばれ、釈迦の仏教とは教義が異なります。釈迦の仏教は「死への苦しみから逃れるためにトレーニングせよ」と説き、大方の大乗仏教では「神秘的な仏の力の大きな船で、皆で川を渡って平安な死後の世界へ行きましょう」と唱えます。

釈迦は自分の心の中を探査して、自分自身が救われていくことが最高と説いていますから、「皆で船に乗るなんて大きなお世話だ」って言うはずです。一方で、皆でお節介し合ってあの世へ行くというのが、大乗仏教の要諦だと思うのです。

もし、道端で子どもがひもじい思いをして泣いていたら、大乗仏教ではおにぎりをあげて、一日命を生き長らえると「よかったね」と言うでしょう。

でも、釈迦の仏教は「それは間違いです」と否定します。この子のためを本当に思うなら、ひもじさに耐えるための方法を教え、ひもじさで絶望しないための智慧《ちえ》を授けることを善しとするのです。お節介しておにぎりをあげると、次の日からこの子はまた飢餓《きが》に喘《あえ》いで苦しみが続くのだと、釈迦はものすごく苦いことを言うわけですよ。大乗仏教側から見たら、釈迦は自分一人だけが救われればいいのかと、わがままにも捉えられますね。

釈迦の仏教は「他者に頼らず、自分で修行しなさい。修行のやり方はすべて教えますが、実際にやるのはあなた自身です」と突き離します。自分で自分を救うことを第一に考えるというのは、どこか冷たく感じますよね。でも、釈迦の言うとおり。結局は自分の心を変えないと、何も解決しないということなのです。

たとえば現代では、環境のために電気自動車に乗る、開発途上国を支えるためにフェアトレードの商品を買うなど、世の中にはさまざまなタイプの「意識高い系」がいます。でも釈迦の教えに従えば、「善い行いをするぞ」と鼻高々で実践して「意識低い系」を見下すのはナンセンス。もっと言うと、意識低い系も高い系も両方ダメで、意識の中の自分を滅して「意識飛んじゃった系」にならないといけないということです。

人間の脳は面白くて、絶対独りじゃ生きていけないから群れたいし、皆と一緒だと安心する。でも、群れていると嫌になって独りになりたいと思う。また、独りになると寂しいから群れたい。

人間以外の動物は自然の遺伝子の宿命のまま、群れない動物もいれば、群れる動物もいる。でも人間は両方持っちゃったから、独りは寂しい、大勢で群れるのは疲れるから独りの時間がほしいって、頭の中がごちゃごちゃに乱れているわけです。

僕は友達に嫌われてもいいから、苦くもあり美しくもある釈迦が説いたこの世の真理を多くの人に伝えたい。こうして釈迦の仏教について熱弁することは、お節介の極みですよね。

釈迦の仏教はちょっと寂しい

僕たちは、時間は過去から現在に向かって一直線上に流れている、というイメージが刷り込まれています。でも、過去から現在に時間の流れが向いていると、過去に起こった嫌なことが河畔の石のように蓄積されていくから、過去の出来事を引きずってしまう。「三年前はいまよりもっと良かった」「昔はやりたいことで充実していたのにいまは何やっているんだ」「肉体も衰えていってつらい」など、過去と現在を比較して右往左往します。

これを釈迦の仏教の視点で捉えると、諸行無常、刻一刻と肉体の細胞レベルと心も変わっている。「過去の自分もいまの自分もみんな別人なんだから、同一人物のように悩んでんじゃねぇよ」ってことだと思うのです。過去の自分という他人のことでくよくよ悩んでいるのだから、バカバカしくなってくるわけです。釈迦の考えをニヒリスティック（虚無的）だと嫌がる人もたくさんいるでしょう。でも自我は少し縮まるし、悩みや苦しみが低下することは間違いないんです。

僕は何十年か前にインドを一人旅したときに、「過去は新しい、未来は懐かしい」という言葉に出合いました。古きインドの教えでは、未来から現在に時間が流れてきていると考えるそうです。たとえば、僕が「コーヒーを飲みたい」と思うのは、ちょっと未来の「コーヒーを飲む」ところからやってきます。未来から時間が流れてくるという考え方は、仏教が誕生する前からインドで信仰されているバラモン教から生まれてきたそうです。

未来から時間を手繰り寄せているということだから、自分の未来をネガティブに考えてばかりいると、ネガティブなものしか集まってきません。ポジティブに脳の意識を変えれば、幸せを招くことができて思いは実現する。

未来から素晴らしい幸せがやってくるという引き寄せの法則があるわけです。昨今流行りの自己啓発は、この時間の流れを都合よく錯覚させて、脳の意識を楽しい方向に変えられるから気持ちが良いのでしょう。

釈迦の仏教は「完全なる死」が安楽のゴールですから、未来からいまに向かってどんどん死が近づいているという考えです。そう言われると怖くなりますよね。だから人びとは拠り所を求めて、大乗仏教の極楽やキリスト教の天国といった世界観の宗教を生み出したんだと思います。宗教だけではなく、資本主義や民主主義、自由主義など、さまざまなイデオロギーもつくったのでしょう。

資本主義経済で人間は豊かになったと言われますが、世の中ではたくさんの争いが起き、間違った方向に行ってしまうこともある。富が原因となって、善と悪の両方が現れてくるのだと思います。人間はいくら富を得たとしても、寂しさを感じる生き物です。資本主義経済と言っても、その本質を忘れてはいけません。だからこそ、孤独や寂しさと向き合える釈迦の仏教にふれてみてほしいと思うのです。

いまや極楽や天国といった死後の世界は幻だとわかり、魂も迷子で寂しさは募るばかりです。「あなたのお家はどこですか？」「名前を聞いてもわからない」状態で、もう大変ですよ。釈迦の仏教は「魂なんてものはない」と考えますから、「家もあなたも実体なんてないから安心しなさい」って、ホームレスにしてセルフレスです。死んだら消えてなくなるという意味ですから、極楽浄土に行きたいと願う大乗仏教の世界観で生きてきた人には、すごく寂しいことです。そもそも生きている段階で自分の存在はない、まやかしだと釈迦は言っています。だから、釈迦の仏教は自分が消えてなくなる記憶を少なくして、死への恐怖を軽減させるのだと思います。

人間は生きながら死に近づいていると悟ることは、なかなか容易ではないですよ。他の動物になったことがないからわかりませんが、おそらく人間のように死を意識することはなく、自然のままに死んでいくのでしょう。動物の自然な死は羨ましくもあります。人間には意識があるから、やっぱり死ぬのはつらい。

釈迦だって死ぬのが嫌で仕方なかったわけで、克服したいという思いで悟りを開いたのです。すごいなぁと思うけど、釈迦も僕たちと同じ人間だし、心配性で不安の塊だったんじゃないかと想像してしまいます。そう思うと、釈迦の仏教がぐっと身近に感じませんか？

日本の信仰はどこに向かうのか？

日本人の多くはクリスマスイブに盛り上がるくせに、四月八日の「花まつり」を知りません。この日は「灌仏会《かんぶつえ》」と言って、釈迦の誕生日です。日本は仏教の国ではなく、無宗教という名の宗教の国。だから釈迦を推している僕なんかは寄る辺がないわけです。

いまのお寺は「観光寺」として素晴らしい庭を見せてくれたり、禅の体験ができたりします。日常の喧騒《けんそう》から離れて心を落ち着かせてくれますから、ヒーリングスポットとしては価値があると思います。しかし、寺の檀家離れが進みつつあって、葬式も多様化して本来の仏教儀式としては成立しなくなっています。

そして、いまやデータ至上主義のデジタル社会が到来して、僕らはデータに支配されています。今後はデータが絶対的な神になっていくことは必定《ひつじょう》です。

ＡＩ（人工知能）などの革新技術によって、自分の意識の代替作業すらやってくれるようになるでしょう。もしかしたら、戦争をするかしないか、和平条約を結ぶかなども全部ＡＩに聞く時代になりつつあるとすれば、もう完全支配です。そういうなかで、人間が人間たりうるのは、自分の意識を疑って自分だけの真理みたいなものを探究できるかどうか。だからこそ、釈迦の仏教が人びとの指針になりうると思うのです。

外の世界に影響を受けて生きている自分自身を疑ってみて、信用できないんだと気づかなければなりません。「これは外部の価値観であり、私の真理ではない」というふうにつねに確認していないと、完全にデータの奴隷になるわけです。

いまどきは、何を信じたらいいかわからない時代に突入していて、「もう一度、本当の自分を取り戻そう」なんて言いますけど、「自分を取り戻さない」という作業も大事でしょう。まずは自分を疑ってみることです。

釈迦は自らの精神や心の内的世界を探究することで、自分という存在がまやかしであると悟りました。一方で現代の科学というものは、外側の世界を対象にして、この世の法則摂理を探査しています。釈迦の仏教と科学は、内側か外側かのアプローチが違うだけで、どちらも真理を探究するという点では同じなのです。

でも大乗仏教は科学と違って、極楽浄土の設定などファンタジー的な要素が強く、科学的な実証はありません。「大乗仏教は現実的ではない」と理屈で考える人も多いでしょう。そんな超越的な世界なんて信じられないという人は、じつは科学に近い釈迦の仏教にぜひふれてみてください。現代の風潮や常識からはね返される人にとって、最後の頼みの綱は釈迦の仏教ですよ。

釈迦の真理にふれることは、僕にとって遠い故郷への里帰りだと思っています。というのも、真理を追究するのは漢方薬みたいに苦くて、釈迦の仏教的な生活をつねに実践できないからです。僕たちは夢を持って、幸せな物語の中を生きようとしています。でも現実社会は、思い描いた物語のとおりにはいきません。だから苦しいのです。そこで一度、里帰りして釈迦の真理にふれ、自分の考え方や心の誤った世界観を正しい見方に修正してもらう。そして、すぐまた新幹線に乗ってこの現実社会の夢物語に戻ればいいと思っています。

次の第二章からは、僕が「天下一品の釈迦コンシェルジュ」と敬う佐々木閑先生との対談を通して、真理の海の奥底まで一緒に潜っていきましょう。

第二章　原始釈迦仏教編

古舘伊知郎×佐々木 閑

【付記】佐々木　閑

このあと古舘さんと私（佐々木）との対談が始まりますが、あらかじめ二人の思想的立場を簡略に記しておきます。釈迦がいた二五〇〇年前のインド社会では、あらゆる生き物は業《ごう》の力によって輪廻《りんね》する、という考えが当然のこととして受け入れられていました。生まれては死に、また生まれては死ぬという、終わることのない生死の繰り返しが輪廻です。その輪廻は、生き物が行なう善行や悪行の力によって延々と続きます。輪廻を継続させる、その善行や悪行の力を業と言います。

釈迦も、この輪廻や業の存在を認めていましたが、それこそが我々の苦しみのもとだと考え、自力で自分の業を断ち切り輪廻を止めようとしました。業を引き起こすおおもとは強い我欲なので、その我欲を消すためのトレーニング方法を見つけ出し、皆に説き広めたのです。それが仏教という宗教の根本です。

古舘さんも私も、その釈迦の教えを信奉していますが、両者とも、業や輪廻の実在性は信じていません。それは現代社会においてはあまりにも非現実的な世界観です。しかし、業を断ち切り輪廻を止めるために釈迦が見出した「我欲を消すためのトレーニング法」は、我欲に縛られて苦しむ現代社会の我々にとっても貴重な教えになります。古舘さんと私が「釈迦の教えを信奉する」と言うとき、それは、この「我欲を消すためのトレーニング法」が我々を救ってくれることを信奉するという意味だと理解してください。

それでは、以上のことを念頭に置いたうえで、このあとの対談をお読みください。

仏教はいかにして生まれたのか？

古舘　佐々木先生と初めて花園大学でお会いしたのは、四、五年前になりますね。その節はたくさんのことを学ばせていただき、またお目にかかって仏教の話がしたいとずっと思い続けていました。

佐々木　あのときは古舘さんと話に夢中になって、大学の事務員さんたちが「二人で応接間に入ったきりでいつまで経っても出てこないけど、どうなっているのでしょうか」と言ってとても心配していたそうです（笑）。

古舘　佐々木先生が僕の迷いや疑問に全部答えてくれるから、「これはどう思うんですか」「教えてください」と大車輪のように大声を上げていましたね。あのときの因果で今回の対談が叶いました。

佐々木　古舘さんのように仏教の話を熱心に聞いてくれる人はめったにいませんから、時間を忘れてしまうほど楽しかったですよ。

古舘　僕は四十歳を過ぎるまで自己啓発に関心を持っていました。でも、どれもこれも絶対的なものを提示していて嘘臭く思うようになってきたときに、「生き死に」が見えてきました。

そして、「生きるって何か」を考え始め「釈迦の仏教」にふれました。そんななか、佐々木先生にも出会えて本当にありがたいことだなと。今回は現代人が抱える心の苦しみや人生後半をどう生きるかを踏まえて、釈迦の仏教を学ぶ意味についてお話しできればと思います。

佐々木先生はもともと京都大学の工学部で化学を専攻し、そのあと釈迦の仏教に入っていかれましたから、人生の岐路は確実にありましたよね。

佐々木　紆余曲折、いろいろとありました。人が人生のコースを変えるときは、たいていなんらかの障害があって仕方なしに変えるもので、私はその典型です。

浄土真宗の寺に生まれましたが、幼いときから「お寺の息子さん」ということでやたらとちやほやされました。それが嫌で嫌で、「寺なんか継ぎたくない」という思いから中学からは化学の勉強に打ち込みました。京都大学の工学部にいたときは「ノーベル化学賞を目指すぞ」なんてとんでもない夢も見ていました。

でも、化学一筋で真剣にやってきた人たちの中に入って揉《も》まれると、たちまち化けの皮がはがれていく。自信をなくしたとき、仏教という場所に戻ったのです。

古舘　仏教以外に選択肢はあったでしょうに、嫌でしょうがなかった仏教に「里帰り」したのは思い切った決断でしたね。

佐々木　劣等感で苦しんでいた頃、私が嫌がっていた仏教というのは、じつは職業としての寺院経営の姿なのであって、その奥に別の形の本当の仏教があることがわかってきたのです。

古舘　それが「釈迦の仏教」ですね。

佐々木　そうです。日本で信仰されている仏教は「大乗仏教」と呼ばれ、釈迦がつくったオリジナルの仏教とは教義の内容がまったく異なります。いろいろ調べてみて、釈迦の教えがわかるようになるにつれ、それがとても深くて面白いということが見えてきて、次第に好きになっていきました。また、都合が良いことに、当時の京都大学文学部には仏教学科という独立した学科がありましたので、一度工学部を卒業してから、文学部仏教学科に編入学したのです。

古舘　京都大学にはいまはもう仏教学科はありませんよね。

佐々木　大学の改編で仏教だけを専門にする学科がなくなってしまいました。当時は、仏教学科と、それから仏教以外のさまざまな古代哲学を研究するインド哲学科、さらにはサンスクリット語の文学を研究する梵語《ぼんご》梵文学科の三学科が揃っていて、それぞれの分野で世界的権威のある教授が学生を指導しておられました。

古舘　それらの三領域は仏教を研究するうえで、密接不可分な関係ですね。ヒンドゥー教の前身であるバラモン教によってつくられたのが、インド特有の「カースト制度」。この不条理な社会制度に釈迦は反発するんですよね。

佐々木　人間の価値は生まれや血筋とは関係なく、悟りへの道の前では皆が平等であるというのが釈迦の仏教の基本的な考え方です。仏教が生まれる前のインドがどのような状況であったか、なぜインドで仏教が起こったのかを理解すると、仏教の本質が見えてくるのです。

古舘　釈迦は釈迦族の王子として生まれ、贅沢三昧《ぜいたくざんまい》で特別扱いされていたのに、人間は「老・病・死」で苦しみ続ける生き物であることを知ると、何もかもをひっくり返して出家する。

佐々木　釈迦の出家については「四門出遊《しもんしゅつゆう》」という有名なエピソードで伝えられています。

古舘　父王が、跡継ぎとして世間を見せておこうと、箱入り息子の釈迦を王宮の東西南北にある四つの門から外に出して、社会見学させようとした話でしたね。

佐々木　社会見学のために城の門から外に出た釈迦は、四つの門のそれぞれから出掛けるたびに、この世の苦しみを目の当たりにします。「よぼよぼの老人」「血の気のない顔色で苦しむ病人」「葬式で運ばれていく死人」、そして、最後に北の門で出会ったのが「修行者」です。最初の三つの門から出掛けたとき、老、病、死という、どのような人でも決して免れることのできない絶対的な苦しみと出合って釈迦は苦しんだのですが、最後の四つ目の門で、その苦しみから逃れられる可能性があることを知ったのです。

古舘　最後に出会った修行者は、ボサボサの蓬髪《ほうはつ》で姿格好はみすぼらしいのに、目が生き生きと輝いている。それを見た釈迦は、俗世の虚飾に執着していても真の安楽は得られないということに気づいて、皇太子としての地位や財産、妻子などを捨てて出家する。そして何年もの修行時代を経て、最後は菩提樹《ぼだいじゅ》の下で悟りを開く。釈迦の境遇って、佐々木先生と似ていますよね。

佐々木　いつも「私は寺から出家した人間だ」と言っていますよ。もちろん釈迦みたいに悟りを開いてなどいませんけどね（笑）。紆余曲折の人生の最後に、釈迦が私をスポークスマンに選んでくれて、私に仏教を語らせているのではないかと感じています。

古舘　寺から出家したって聞くとかっこいいし、釈迦との接点があるのが羨ましいです。

佐々木　古舘さんも一度、寺に入ってみたらどうですか。そこから出家するといいかもしれませんよ。

古舘　「すべての人を救ってくれる大きな乗り物」を意味する大乗仏教は、菩薩《ぼさつ》みたいにエスパーのような超越者が出てきて僕たちを助けてくれる。誓願にすがれば極楽へ連れていってくれる浄土真宗に入信しようと思ったこともあるけれど、やっぱり簡単には信じられないです。僕は死ぬまで釈迦のファンとして「推し活」をしていると思います。

釈迦の仏教は人助けが目的ではない

古舘　釈迦は出家して苦行を六年間続けましたが、うまくいかなかったからやめましたよね。

佐々木　最初は断食《だんじき》や息止めなどの苦行によって肉体を痛め続けることで、心の苦しみを消滅させようとしました。でも、こうした苦行をやっても心の苦しみは消えないとわかったのです。

古舘　釈迦と同じように佐々木先生も、修行のための苦行をやることはナンセンスだと感じられますか。

佐々木　そうですね。身体のつらさを我慢したところで、問題解決にはならないでしょう。釈迦は、究極の安楽は「心のあり方」にあると気づき、苦行から瞑想修行へと方向転換します。そして、深い瞑想状態の中で自分の心と向き合い、苦しみを生み出す心の悪要素を断ち切っていこうとしたのです。

古舘　釈迦は、苦しみをなくすためには自分自身を変えなければいけないと菩提樹の下で悟り、「この世の真理」を手にしましたね。

佐々木　釈迦が手にしたのは、「諸行無常」と「諸法無我」の二つの真理です。諸行無常とは、この世のすべてのものは絶えず移り変わり、変容していて、不変なものはないという真理。諸法無我とは、この世界の事象はすべて原因によって動き、結果として現れる「縁起の法則」によって生じているのであって、その中に「私」という不変の実体など存在しないという真理です。

古舘　僕は「心の天動説」と呼んでいるのですが、現代人は自分が世界の中心にいると思い込んで苦しいと叫んでいる。

でも、この世は諸行無常だから物事はすべて移り変わるし、どんどん消えてなくなる。たとえば、自分は固定していて周りが移りゆくと思っているけど、いま息を吐いた瞬間の私と、息を吸い込んだ直後の私とでは、肉体も心の中もすべて変わっている。そして、諸法無我だから「私なんていない」「自分を滅しろ」と釈迦は言っているように思います。

佐々木　人は本能的に、自分を中心にすべての物事を捉えます。すなわち、「私の都合」ですべてが動いているのだと自分勝手な世界観を抱き、思いどおりに動かないと裏切られたと不満を募らせるのです。しかし、実際はこの世は縁起の法則で動いていますから、私の都合など関係ありません。「私がこの世界の中心」と考える過大な「自我」が苦しみを生み出すのです。これを「一切皆苦」と言います。

古舘　すべての苦しみは自分の心が生み出しているということですね。

佐々木　はい。自分という実体は存在しないのですから、何かを手に入れようとする欲望も、「私はこうあらねばならない」という自分に対する執着も持つ意味がなくなります。そのすべてを捨てた先にあるのが「涅槃寂静《ねはんじゃくじょう》」の世界です。「一切皆苦」「諸行無常」「諸法無我」「涅槃寂静」、これらをまとめて「四法印《しほういん》」と言います（**図表1**）。仏教の基本となる法則であり理念です。

古舘　涅槃と聞くと「死」と結びつけてしまう人が多いと思いますが、生きていても悟った

図表1　仏教の基本的な法則「四法印」

一切皆苦《いっさいかいく》　すべてのものは皆思いどおりにならず、
この世で生きることは本質的に苦であること。

諸行無常《しょぎょうむじょう》　すべてのものはつねに変化していくこと。
生じては滅びるのが、物事のさだめである。

諸法無我《しょほうむが》　すべてのものにおいて、「私」とか「私のもの」という実体は
存在せず、構成要素の集合体として存在していること。

↓

涅槃寂静《ねはんじゃくじょう》　仏教における絶対平安の境地であり、
時間の流れを超えた真の安らぎ。

状態であれば涅槃ということですよね。

佐々木　あらゆる煩悩や執着を離れて、真に心安らかな境地を涅槃と言います。釈迦が菩提樹の下で悟りを開いた段階を「有余《うよ》涅槃」、寿命が尽きて亡くなり、二度と生まれ変わらなくなった状態を「無余《むよ》涅槃」と言います。涅槃寂静こそが仏教の最終ゴールなのです。

　釈迦は努力の果てに悟りを開き、有余涅槃の状態となりましたが、それは別の言い方をすると、自分自身の苦しみを消し去るという最終目標を達成したということです。最終目標が達成されたのですから、そこから先はもう何もするべきことはありません。あとは苦しみの消えた状態でただ一人、心安らかに寿命が来るまで生き続け、そのまま静かに死ん

でいこうと考えました。

じつは、ここに仏教の原点があります。釈迦の仏教は人助けを目的とする宗教ではないということです。自分自身が苦しみから解放される方法を考え、そのために自分の心を自分で改良していくというのが仏教の基本構造なのです。

真理を理解するには実体験が必要

古舘 釈迦の仏教は神を想定していないから「信じる、信じない」ではなく、この世の真理にふれさせていただいている。

佐々木 ですから私は仏教に対して「信仰」という言葉は使いません。いつも「信頼」と言っています。釈迦の存在のすべてを無条件に崇めるのではなく、釈迦が教えてくれた方法に従えば自分を変えることができる、ということを信頼するのが仏教を信じるということなのです。

古舘 苦行を六年も続けて失敗したうえで、ようやくこの真理にたどりついた。天才でも六年ですよ。

佐々木　釈迦が苦行をやってみて失敗したというエピソードは、とても重要です。もし苦行を経験せずに悟ったとなると、「それなら瞑想ではなく、苦行で悟るという道もあるんじゃないの？」という疑問が残ってしまいます。「やってみたけどダメだった」という経験があったからこそ、苦行では本当の安楽は得られないと釈迦は確信したのです。

古舘　そのあと釈迦はインド北部のベナレス（現・ヴァラナシ）近郊のサールナートで、最初の説法「初転法輪《しょてんぽうりん》」を行ないます。もし、釈迦が悟りを開いた段階で、そのまま安楽に生きて、ひっそりと死んでいったなら、この説法もしないわけだし、仏教自体も誕生しません。でも、こうして広まったのは、釈迦の考えが変わったということですよね。

佐々木　釈迦の教えが広まるきっかけとなったのが「梵天勧請《ぼんてんかんじょう》」というエピソードです。「梵天」とは当時インドで信仰されていたバラモン教の最高神で、「勧請」とは、お願いすることを意味します。釈迦の伝記によると、誰にも教えを説くことなく、静かに死んでいこうと考えていた釈迦に向かって、天から降りてきた梵天が、「世の中の苦しんでいる人たちのために、あなたの道を説き広めてください」とお願いをした、とされています。その願いを聞き入れた釈迦は、その後の自分の生き方を、「他の者たちに教えを説いて救う」という方向に変えたのです。

古舘　仏伝は物語が本当にきちっとできていますよね。

佐々木　素晴らしいストーリーです。梵天勧請をはじめとする架空の話が多く入っていて、すべてを歴史的事実として認めることはできませんが、「釈迦とはどういう考え方をした人なのか」を皆に知ってもらいたいという思いでつくられた、とても優れた物語です。

古舘　「ゴータミーの芥子《からし》」（からしをケシとする場合もある）もあとから創作された話ですか。

佐々木　釈迦の弟子になったキサー・ゴータミーという女性の話ですね。誇張はあるかもしれませんが、これはとてもリアルな話なので、実際の事件に基づいているのだろうと思います。

古舘　ゴータミーは貧しい家からお金持ちの家に嫁ぎ、子どもも産まれて幸せな日々を送っているのに、ある日その子どもが病気で亡くなってしまう。悲しみのあまりその子の遺体を抱えたまま、出会う人ごとに「この子を生き返らせてください」と無理なことを頼みながら町中をさまよっているときに釈迦と出会う。

釈迦は「死者を出したことのない家に生えている芥子のタネを持ってきたら、それで生き返らせる薬がつくれるだろう」と言って、ゴータミーはすぐさま町中の家を訪ねて芥子のタネを探しまわるわけですね。死者を出したことのない家なんてないのに探してこいなんて、ひとつ間違うと釈迦が超意地悪に取られちゃうじゃないですか。

佐々木　ゴータミーは、子どもが死んでしまったことを頭では理解しているでしょう。でも心が受け入れられないのです。いくら探しても、死者を出したことのない家の芥子のタネが見つからず、意気消沈して戻ったゴータミーに、釈迦は「死者を出していない家などない。人は皆、死ぬ定めである」と言い、ゴータミーはこの言葉で初めて、子どもの死を納得して受け入れることができたとされています。誰にでも死は訪れるということを、実際に自分で体を動かして家々を訪ねてまわることにより、初めて実感として理解したという話だと思いますね。

古舘　見せかけの優しさで慰めれば、その場を一時的には丸く収めることができたのに、釈迦は苦い真理をしっかりと教えましたよね。日本語で「諦める」は放棄や断念など、ネガティブなイメージで使われることが多いと思いますが、仏教では「明らかに見極める」ということですね。

佐々木　おっしゃるとおり、仏教では「諦」という漢字に「真理」の意味があると考えます。釈迦の重要な思想であり、仏教の基本方針に「四諦八正道《したいはっしょうどう》」というものがあります（**図表2**）。四諦とは「苦諦《くたい》・集諦《じったい》・滅諦《めったい》・道諦《どうたい》」の四つの真理。八正道とは、煩悩を消滅させ

図表2　四諦八正道

四諦

① 苦諦《くたい》　この世はひたすら苦であるという真理。一切皆苦

↓

② 集諦《じったい》　苦の原因は煩悩であるという真理

↓

③ 滅諦《めったい》　煩悩を消滅させれば苦が消えるという真理

↓

④ 道諦《どうたい》　煩悩の消滅を実現するための **八つの道**

八正道

① 正見《しょうけん》　正しい**ものの見方**

② 正思惟《しょうしゆい》　正しい**考え方**を持つ

③ 正語《しょうご》　正しい**言葉**を語る

④ 正業《しょうごう》　正しい**行ない**をする

⑤ 正命《しょうみょう》　正しい**生活**を送る

⑥ 正精進《しょうしょうじん》　正しい**努力**をする

⑦ 正念《しょうねん》　正しい**自覚**を持つ

⑧ 正定《しょうじょう》　正しい**瞑想**をする

るための具体的な八つの道。すなわち苦しみから逃れるために、正しい心を実現するためのトレーニング法です。ゴータミーはその後、釈迦の弟子になりますから、釈迦の指導によって本当に救われたのでしょう。

古舘　イスラエルの歴史学者で『サピエンス全史』を著したユヴァル・ノア・ハラリが、「釈迦は渇愛から逃れるトレーニング方法を開発した稀有《けう》な存在。だから、私は釈迦のファンだ」と言っています。あのスタンスはいいですよね。

佐々木　はい、私もハラリに同感です。「渇愛」とは仏教用語で、喉の渇きに耐えかねた者が激しく水を求めるような、強い欲望や執着を意味します。だから渇愛というものは、つねに不満や苦しみを伴うのです。

自己鍛錬と教育の場としての「サンガ」

古舘　そもそも、佐々木先生が大学で釈迦の仏教を学び始めて、「自分の人生をかけてこの分野を研究するんだ」という思いを持ったきっかけのようなものはありましたか。

佐々木　卒業論文のテーマを決めるときでしょうね。私は哲学や思想といったものより、仏教という集団組織のあり方に非常に興味を惹かれました。「一般の人たちがなぜ仏教に入るのか。出家までして惹かれていく組織としての魅力は何か」という部分に強い関心を持ったのです。

古舘　組織とは、いわゆる「サンガ」のことですね。

佐々木　そうです。釈迦の弟子たちが一つの場所に集まって修行に励む共同生活の場を古代インド語でサンガと言うのです。仏教世界の中では、サンガを維持するために、律蔵《りつぞう》という独特の法律が定められているのですが、その律蔵を研究すると、実際に活動する形としての「生きた仏教」がわかるだろうし、この研究は一生かけて取り組んでも面白いと思いました。

古舘　佐々木先生が現実的な人を救うための仏教に惹かれたとすれば、浄土真宗の寺のご出身だから、大乗仏教に向かうと思って聞いていました。でも実際には、釈迦の仏教の道に進まれましたね。

佐々木　釈迦が亡くなったあとの仏教は、他の宗教の影響も受けながら複雑に枝分かれを繰り返します。日本の大乗仏教はその枝の一つにすぎず、釈迦本来の教えと中身が違います。

大乗仏教よりも古い仏教の教えを伝承しているタイやスリランカなどで信仰されている「上座説仏教」（テーラワーダ仏教）もありますが、これもサンガのあり方などが釈迦の時代とは変わっていません。枝分かれする前の釈迦本来の教えと、その教えに従って生きていた修行者たちの世界のほうが、私にとってはずっと魅力的だったのです。

古舘　いま先生は「上座説仏教」と言われましたが、一般的には「上座部仏教」と呼ばれるのではないですか？

佐々木　じつは「上座部仏教」はテーラワーダ仏教の正しい訳ではなくて、正しくは「上座説仏教」です。これからは後者の呼び方が主流になっていくと思います。

古舘　また一つ、勉強になりました。

話を戻しますが、釈迦は、生きるのがつらくて出家した僧侶たちに「集団で修行せよ」「労働はするな」と言います。そして僧侶たちは、「この教えを一般社会の人びとに一所懸命に伝えるんだ」と活動するわけです。さらには、托鉢《たくはつ》でいただいた食べ物は、腐ったものでも傷んだものでもいい、食べて死んでもいいと。死んで生まれ変わってきたとしたら、また修行し直せるのだから、「死ぬことを恐れるな」と言う。過激とも見えるけれど、本質をつくことを釈迦は言っているのではないかと僕は勝手に捉えています。

佐々木　修行は精神集中にどれだけ多くの時間とエネルギーを使えるかにかかっているので、世俗的な仕事に従事することがそもそも無理なのです。だから仏教は一般の人びとからの施し物をもらって生計を立て、その見返りとして、自分の経験から得た境地を話します。これを「法話」と呼び、それが安楽に生きるための指針になるのです。「人様からの厚意による施しで生かされている」という謙虚な思いや、「修行に精進して煩悩を消し、その境地を語ることで周囲の苦しんでいる人たちを助けよう」という真摯さが僧侶には求められます。釈迦は僧侶が堕落しないように、あえて生活のすべてを他者からの布施に頼る、依存型の弱い組織にしたのです。もしサンガが、自分たちで生活の糧《かて》を手に入れる手段を持っていたならば、出家して修行する者とそれを支える一般信者の相互依存関係は成り立たなくなります。

たとえばオウム真理教は、信者から財産を収奪し、関連会社を立ち上げて多額の資財を調達し、自立した宗教組織をつくりましたが、結果的には反社会的犯罪集団へ転落しました。「我々は一般社会の厚意に依存していない」という傲慢さが、そういった運営方針の根底にあったのです。ですから釈迦の仏教では、一般社会に完全に依存しながら活動するということが鉄則なのです。

古舘　現代人は「依存する」と聞くと悪いイメージを抱きがちですが、釈迦は一般社会と平和に共存していくための本質を見極めていますね。

釈迦の仏教は一見すると、我々の価値観とは相容れない組織のように捉えられがちですが、こうして平和に二五〇〇年も続いている。サンガをつくったことは、釈迦の最大の功績だと言われているのがよくわかります。

佐々木　釈迦の組織設計者としての能力がいかに優れていたかを如実に表しています。そのサンガには、出家者たちが共同で暮らすために守らなければならないルールがたくさん決められています。サンガを支えてくれる周囲の人たちから軽蔑されないよう、日常生活の禁止事項や、正しい作法などをまとめた、そのルールブックが律蔵です。律蔵は、出家した僧侶たちに課せられる法律なのです。

古舘　出家した弟子たちは釈迦の律蔵のもと、集団で生活しますが、釈迦は最後に「犀《さい》の角《つの》のようにただ独り歩め」という言葉を残したと言われています。これは本当でしょうか。

佐々木　釈迦が本当に言ったという確証はありませんが、いま現存するお経の中で最古と言われている『スッタニパータ』という本に書かれており、非常に古い言葉であることは間違いありません。仏教は超越者からの預言や託宣ではなく、人間である釈迦の体験を伝えるものですから、「犀の角のようにただ独り歩め」というのは、悟りを開くために修行していたときの釈迦の心境を表現しているのでしょう。

「どんな音にも驚かないライオンのように、網に捕らえられることのない風のように、水で濡れることのない蓮のように、犀の角のごとく、ただ独り歩め」(『スッタニパータ』七十一)

古舘　この釈迦の言葉はとても素晴らしいですよね。和訳すると「脅しにも屈せず、罠にもかからず、汚れにも染まらない、崇高な犀の角」。自分にはできないと思うからよけいに憧れるのです。

佐々木　皆、憧れていますよ。これは釈迦の考える仏道修行者の姿です。「犀の角」は自力で道を切り開く勇者のたとえであり、釈迦の仏教は「自己鍛錬」の道だということを説いているのです。

古舘　でも、サンガの中で集団生活をしながら修行した果てに解脱するのなら、独りで生きて独りで死んでいくことにはならないのではないでしょうか。

佐々木　サンガは、あくまでも個人が修行するために必要な土台です。修行を続けながら生きていくためのさまざまな利便性を考えただけのものであって、集団でいること自体に意味はありません。サンガでは組織をまとめる中心人物を置きませんし、日本の仏教教団のような本山《ほんざん》・末寺《まつじ》という上下関係も一切ありません。そしてもう一つ大事なサンガの利点は、釈迦の教えを師匠から弟子へと伝えていくための教育の場として機能するという点です。しかしこれらはあくまで二次的な利点であって、たとえサンガにいて共同生活を送っていても、修行の道はあくまで一人ひとりが独立して進んでいくものなのです。

古舘　個人のための集団ということですね。これは組織のあるべき姿かもしれない。いまの時代は学校も会社も組織の本質を誤って解釈されている気がしますね。

佐々木　そういうことです。学校そのものに存在価値があるのではなく、学生が集まって学ぶのに便利な教育の場所としての学校があるだけの話です。学生は一人ひとりで生きていくし、将来はそれぞれの道を進んでいくわけです。

古舘　組織の成長が主眼になって、構成している個人がいることをみんな忘れています。組織自体に意味はなく、ただ独り歩んでいくんだよと釈迦は一貫して言っているのですね。

釈迦も認めた輪廻とは何か

古舘　釈迦は弟子や在家の人たちからいろいろな質問を受けたと思うのですが、なかには僕

図表3　輪廻

あらゆる生物は、この六(五)種類の領域内で、生まれ変わりを繰り返す。
五道の場合は阿修羅を除く

のような信者もいて「死んだらどうなるのでしょうか。すべて終わって無になるのですか？」と聞いたのではないでしょうか。

佐々木　釈迦なら「人は死んだら輪廻《りんね》する」と答えるでしょうね。この世界は「天・人・畜生《ちくしょう》・餓鬼《がき》・地獄」の五つ（のちに「阿修《あしゅ》羅《ら》」が入って六つ）の領域からなり、あらゆる生き物は、この五つ（六つ）の領域内で、延々と生まれ変わり死に変わりを繰り返すと考えられています（**図表3**）。

古舘　輪廻は、仏教よりも前にインドで栄えたバラモン教で生まれた思想だから、それにうまく即しているのですね。

佐々木　古代インド社会の世界観は輪廻をベースにしていました。釈迦もその時代に生きていましたから、当然ながら輪廻はあると考えていました。輪廻とは生まれ変わり死に変わりを永遠に繰り返すことですから、多くの人たちは「輪廻の中で幸せなところに生まれ変わることを願って生きるのが善い生き方だ」と考えたのですが、釈迦はそれとはまったく違って、「どのようなところに生まれようとも、生きることには必ず苦しみがつきまとう。輪廻の中にいるということそのものが苦なのだから、真の幸福は、輪廻を止めることだ」と考えたのです。

古舘　釈迦はこの世には苦しみしかないと考えていたから、生まれ変わり死に変わりを永遠に繰り返していく輪廻は、永遠に不幸な状態が続いていくということになる。だから悟りを開いて、輪廻を止める唯一の方法を見つけたわけですよね。でも、輪廻を否定するのではなく、しても構わないと言うんだ。

佐々木　釈迦は、「輪廻を苦しみだと感じる人だけが私のところへ来て出家せよ」「輪廻を幸せだと感じられない人がいるならば、私が輪廻を止める方法を教えよう」と言ったわけです。輪廻の中で良いところに生まれたいと願う人は、特別な修行などしなくても、日頃の生活で善い行ないをしていればいいわけですよ。

その善い行ないの一つが、お布施をして仏教のサンガを支えることです。結果として輪廻して、天に生まれたり、神様やお金持ちになったりする。これが在家信者のあり方です。
一方、支えられているサンガの僧侶たちは、輪廻を止めて涅槃に入ることを目指して修行に励みます。そして、在家信者の中から、「やはり輪廻は苦しいから、輪廻を止めるための修行をしたい」と望む人が現れたなら、その人は在家生活を捨てて出家し、サンガのメンバーになるわけです。このように在家信者と出家僧侶の間にハードルはなく、誰でも在家と出家の間を行き来できるようになっています。

古舘　出家と在家でうまく理解し合っているから、仏教はこのような二重構造が成立するのですね。

佐々木　なかには、経済的な事情などで出家はできないけれど、本当は輪廻の中で生き続けるのが嫌だと考える人たちもいました。そういった人たちは、まずお布施をしたり人助けをしたりして善い行ないをたくさん積み重ね、その力で、出家できる良い環境に生まれ変わることを願います。つまり、すごろくの「一回休み」みたいなもので、一回輪廻したあとに出家するという考え方です。いまもタイやスリランカの上座説仏教世界では、そのような考えで生きている人たちが多くいます。

古舘　釈迦の仏教はあらゆる生き方の人を認めているのですから、すごく器が大きいですね。

佐々木　人は皆、生き死にに対して、それぞれの幸福観を持って生まれてきているのですから、生き方も多種多様であって当然でしょう。仏教は、「死んでもまたどこかに生まれ変わることが幸せだ。いつまでも生き続けることが最高の幸福だ」という幸福観を最初から捨てた宗教ですから、それは一般社会の世界観とは違った特殊な島社会であり、釈迦自身、そう認めているわけです。

古舘　だから、道を極める人とそうではない人の分け方が非常に合理的ですよね。本当の意味の〝極道〟ですよ。

佐々木　そういうことなのです。

古舘　悟った人は輪廻の輪から外れて、死んでも二度と生まれ変わらないとされていますが、それはなぜでしょうか。たとえば、僕が死んで焼かれ、煙になって空に帰る。それが雲と合流して森に雨が降って土へと戻る。物質的なエネルギーの交換で考えると、私の自我がどこかに生まれ変わるわけではないことはなんとなくイメージできます。けれど、修行によって執着を捨て、その力で輪廻から抜け出したいと願うのもまた、一種の執着ですよね。その願いは輪廻の原動力にはならないのか、そのあたりがわからないのです。

佐々木　これは当時の考え方ですが、輪廻の原動力は「業」です。業とは古代インド語では「カルマ」と言います。業は、我々が起こす強い意志作用によって生み出されます。
たとえば、私たちは善い行ないをするときに「誰かのために素晴らしいことをしてあげよう」もしくは「善いことをして誰かに褒められたい」といったさまざまな意識が心の中で芽生えるでしょう。「善いことをするぞ」と思って善いことをする、「悪いことをするぞ」と思って悪事を働く。するとその心の強い意志作用が業というパワーを生み出して、そのパワーの作用で、行為の結果が自分に戻ってくる。つまり善い業は必ず楽を、悪い業は必ず苦しみをもたらすというのが業思想の原則なのです。
古舘　悪いことをせずに善いことだけすれば、善い結果が戻ってくる。とても良いシステムですよね。
佐々木　おそらく輪廻を信じる大方の人たちにとっては、とても素晴らしいシステムだったはずです。
古舘　そのシステムの中に、釈迦が生まれ落ちた。
佐々木　しかし釈迦は、よくよく考えてみたわけです。良い環境に生まれようが、悪い環境に生まれようが、とにかく我々は欲望や渇愛を抱きながら生きている。業の力によって輪廻することが自体が苦しみだと。楽しく生きようが苦しみながら生きようが、輪廻の中で生きていること自体が、本質的に苦だ、と理解したのです。

古舘　善悪どちらの道を選んだとしても、結果的には苦しみしかもたらさないということですね。なぜなら輪廻しちゃうわけだから。

佐々木　では輪廻を止めるにはどうしたらいいのか。それは業の力を消すことが唯一の道である、という結論に至ったのです。

古舘　善いことも、悪いこともせずに生きていけば、業の力が消えて輪廻が止まる。だから「諸法無我」なんだ。

佐々木　では、私たちはどうやって生きたらいいのかと言うと、業を生まないような精神状態をつねに保ち続けるというのが唯一の道だと釈迦は説いています。ですから釈迦の仏教は、業をつくり出さない状態を実現することを目的にして、ひたすら瞑想修行に励むのです。

古舘　無我の精神状態になって、一切の業をつくらないようになったときに悟る。業をどんどん低下させていくトレーニングをやっていけば、新たな苦しみを生む連鎖を断ち切れるということですね。

佐々木　悟りという一つの状態に行き着くのではなく、業をつくらない状態が実現して、輪廻が止まったときに初めて「ああ、悟っていたんだ」というふうに気づく、それを「悟った」と呼んでいるだけなのです。

古舘　いまのお話を聞くと、一人ひとりが悟っていけばセックスもしなくなるわけだから、遺伝子を受け継がせて新たな苦しみを生むっていう輪廻はないと思うのです。そうやって生まれ変わりがなくなって、人口減少になっていけばいいという考え方なのでしょうか。

たとえば日本はいま少子高齢化で出生率の低下を嘆いていますが、釈迦の教えのとおりなら、人が生まれてこないことは健全なんじゃないかとも思うのです。仏教の立場で社会問題を論じるべきではないってわかっているのに、どうしても考えてしまって。

佐々木　私は過去に「人口減少についてどう思いますか」と聞かれたので、「釈迦の仏教は人口ゼロを目指す宗教です」と答えたら、周りから総スカンを食らったことがありますよ。

古舘　もちろん、釈迦は出生率低下が望ましいなんて主張していませんよね。

佐々木　輪廻にはそもそも人口が増減するっていう概念がないのです。なぜなら当時のインドでは、国とか地球といった限られた空間があるとは誰も思っていませんから、一定の範囲に一定数の人間がいて、それが減ったり増えたりするというイメージがないのです。

古舘　自分たちの生きている世界には境界がないということですか。

佐々木　世界は無限に広がっていて、生き物も無限にいる。その中の幾分かは釈迦の教えに従って涅槃に入って消えていきます。でも全体の母数は無限なので、何も変わらない。そういう世界観ですから、現代とは前提が違うのです。

古舘　輪廻を現代の価値観で考えると、釈迦の教えが人口減少を肯定しているように見えても仕方ないということですよね。釈迦は自分の子どもに「ラーフラ」と名づけました。「星を食べる悪魔」という意味の不吉な名前をね。

なぜこんな名前にしたかと言えば、血を分けた息子がいると心がそこに惹かれてしまい、自分を現世に執着させて修行の障りになると考えたからと言われますね。そして「輪廻を繰り返すなんて苦しみしかない」と言って出家した。

佐々木　釈迦は妻子を捨てたんですよ。

古舘　でも先生は奥さまと仲が良いですよね。この整合性はどういうふうに説明なさるのですか。

佐々木　私は浄土真宗の寺に生まれましたからもともと妻帯する宗派ですし、そこから俗世の人間になったので、妻を持つことが悪いという意識がないのです。ですからほかの人から見ればじつにいい加減な仏教信者でしょう。私の生き甲斐は、僧侶として自力で悟りを開くことではなく、「釈迦のスポークスマン」として仏教の意義を人に知ってもらうことだと思っています。そして妻はそんな私を後ろから強くサポートしてくれています。私たちは同じ目的を目指す同志なのです。

古舘　奥さまと一緒にいると決めたのは、ある種「二人サンガ」ですね。

釈迦の幸福論

古舘　こうして佐々木先生と輪廻や業について話していると、何十年か前、テレビ朝日でアナウンサーをしていた時代に取材したブラジルの原始部族の人たちのことを思い出します。

七〇人くらいのユニットなのですが、本当に原始的な暮らしをしていて、定住はせずに狩猟採集で移動して生活しているのです。

僕は取材後、酋長《しゅうちょう》に「都会から来た人間からすると、あなた方の幸福の価値観がまだ理解できない。こちらに来て原始的な暮らしがいいなぁと思う僕は偽善で、それはやがて文明がある都会に帰ると思っているから軽薄なことが言える。皆さんの幸福観とは何かを教えてほしい」と聞いてみたのです。そして何カ国語も通訳を介して戻ってきたのが、「聞いてくれることは嬉しいけれど、我々は、あなたのおっしゃる『幸福』という概念と言葉を持ち合わせていないので、答えることができない」。その言葉にただただ驚きました。

すごく器の大きい酋長で、いま思うと彼には釈迦の要素が入っているのです。言葉というのは表裏一体の関係で、幸福があれば不幸せというのも必ずついてくるし、不幸せがあるから幸福を求める。その部族に幸福がないとしたら、同時に不幸もないんだなって。

いまの時代は不幸に満ちあふれているのに、幸福だけが良くて、不幸はできれば避けたいと思ってみんな苦しんでいますよね。問い自体がナンセンスということはわかるのですが、幸福になるにはどうしたらいいのでしょうか。

佐々木　欲望の充足を目指す現代社会と釈迦の仏教との幸福の違いは、仏教の最終ゴールである「涅槃寂静」という単語によく表れていると思います。大事なのは「寂静」です。「涅槃幸福」とも言ってないし、「涅槃裕福」とも「涅槃快楽」とも言っていません。寂静というのは何も起こらない、「プレーン」だということです。それを私たちにとっての究極のゴールだと言っているのです。現代社会の幸福観とはここが全然違います。

古舘　いまの時代は「現世利益」で、自分たちの欲望が叶うことを願って生きています。僕も含めた現代の人は、生きづらさや無力感に苛《さいな》まれ、苦しみの連続なのに幸福を求めようとする。人間関係においても自分を甘やかして人に厳しく当たるじゃないですか。これって真理からするとかなりゆがんでいますよね。

佐々木　幸福を求めているという状態が不幸なのです。それに気がつかないから、幸福を求めようという不幸をいつも自分に呼び寄せてくる、まったく反対の状態がぐるぐる回るわけです。

古舘　幸福を求めている状態が不幸なのかぁ。僕は人が苦しいと思うのは、つねに不完全な状態だと思うのです。たとえば、空腹は食べたいっていう欲求からすると不完全だし、美味しいと思って食べていても満腹になった瞬間にもういらないって苦痛になる。だから、苦しいイコール不完全だと言い換えるというのはどう思われますか。

佐々木　不完全と言った場合に、完全とは何かというのが問題になってきます。たとえば、一神教の場合は神が考えた理想のあり方が完全なので、その意味で我々は不完全なのです。ただ、仏教には絶対神という概念がそもそもありませんから、自己鍛錬によって苦が全部消えている状態を完全と言います。その苦は何かと言うと、まさにそれが「いつまでも生き続けたい」「いまよりももっと楽しく喜びの多い暮らしがしたい」という欲望です。こういった私たちの持つ本能的欲望が苦の原因であり、仏教で渇愛と呼ばれるものです。

古舘　渇愛は、生物学で言う「自己保存の法則」でもありますよね。

佐々木　そういうことです。渇愛が強ければ強いほど、人は欲望に支配され、欲望のせいで自分自身を苦しめ続ける。それを仏教では不完全な状態と考えます。仏教が言う不完全とは、自分自身が苦しんでいる状態なのです。

古舘　釈迦の考え方を慎重に保って、苦を不完全って言い換えていかないとダメですね。そうしないと別の宗教の定義が入ってくる。

佐々木　外部の絶対者の教えに従う宗教だと、その絶対者を信奉し、絶対者のお気に入りになることが完全な生き方だということになるので、マインドコントロールされてしまった自分になるわけです。

古舘　完全の定義はしっかりと整理しとかなきゃいけないですね。

釈迦の仏教を学ぶ目的は、真理を知り、苦しみから逃れること

古舘　ここでまた疑問が湧いてきます。科学が言う自己保存の法則と、人間である釈迦が説

いてくれた真理。その両立でいいじゃないかと思うのです。人間は頭でっかちになってしまい、意識というものをかなり強く立ち上げていろいろな感覚を持っている。動物にも感情はあるけれど、人間のように三週間後の未来を予測することまではしないから、いまだけを生きている。

これを仏教的な苦しみで考えると、人間は生物の中で最も劣っていますね。自己保存の法則が強すぎて苦しむのに、なぜ頭でっかちに進化したのかなと思うのです。

佐々木　進化論でよく言われているのですが、人間の脳は役に立つところだけが伸びるのではないのです。ある一つの役に立つところが育つと、伸びなくていい能力まで伸びてしまうということです。

たとえば将来の予測能力は、「敵がこっちから来たらあっちへ行けば逃げられるだろう」というように、自分の身を守るその瞬間の自己保存のためのもの。その能力を持った人間が生き残って、持っていない人間が敵に殺されていきます。本来はそれだけのものであったのに、その予測能力が急激に発達したことによって、人は、「自分の人生はこの先どうなるのか」という、遠い先行きのことまで予想できるようになった。これが、私たちの「生きる苦しみ」のおおもとなのです。

古舘　だから動物の中で人間が一番苦しんでいますよね。

佐々木　人間は人生のすべてをモデル化して考えることができ、人生そのものが老と病と死の上に成り立っているということを知ってしまいました。「一切皆苦」です。そして、人生の終着点である死に対して、「死んでもまだ生き続けたい。この先死んでも、まだその先があるに違いない。死んでも死なないに違いない」というように、渇愛を増幅させ、死の恐怖から逃れようとして死後の世界に希望をつなぐ。それが宗教の本源です。ほとんどの宗教は渇愛の上に成り立っているのです。

古舘　釈迦の仏教以外は、天国や極楽などのあの世を設定し、「魂の永久保証」が与えられていますからね。

佐々木　「死にたくない」という思いをどうやったら実現できるかが大方の宗教ですが、釈迦の考えはまったく違います。「死んで消滅するのは嫌だ。いつまでも生き続けたい」という渇愛こそが我々の苦しみのもとなんだと考えるのです。

古舘　苦しみとは思いどおりにはいかない状態のこと。佐々木先生、これはたまたまなのでしょうか。人間は脳の容量が拡張して意識が強く出てきたとき、「私」とは何かを知りたくなる自我が肥大する。さらに、もっといっぱい食べたい、セックスしたい、そういう煩悩がわっとバブル化する。発情期だけ興奮するあまたの動物と違いますよね。

佐々木　極端なことを言えば、釈迦は「脳の中の本能を削り取れ」って言っているわけですよ。

古舘　自己保存という本能を軸に置いてしまったら必ず真理から遠ざかり、間違った生き方になる。だから、釈迦は真理に近づいていったほうが楽だよと言っていますよね。

佐々木　そこが大事なのです。仏教の最大の目的は、苦しみから逃れること。そのためには、苦しみの原因である間違ったものの見方を是正しなければならない。是正するためには正しい物差しが必要だから、それが真理として説かれなければならない。そういう順番になるのですね。

古舘　順序を立てればいいんだ。

佐々木　仏教は真理を知ることが最終目的ではありません。真理を知ることを通して、苦しみから逃れるのが真の目的なのです。

古舘　我々は現実の世界で自分の執着やいろいろな思いを募らせて、物事を間違って捉えますね。そのとき、釈迦が「現実世界の真理はこれだよ」と修正してくれる。自分の都合（自我）というバイアスをかけることによって苦しみが生まれるから、そのバイアスを避けなさいと教えてくれているのですね。

佐々木　そういうことです。

古舘　やっぱり人間は自己保存の法則で生きているがゆえに、自分の間違いを正してほしいという本能も持ち合わせています。人間は間違っているから煩悩まみれでいいという考えはダメだと僕は思っているけれど、迷っている自分も認めながら、自分は間違った生き物なんだと思えたときにすごく楽になりました。佐々木先生のおかげです。

佐々木　人間は脳が大きくなりすぎて、動物が本来持つべき限界を超えてしまい、間違った概念まで持つようになりました。でも超えてしまった脳のおかげで、誤った概念を自分で訂正する力も手に入れました。間違った概念をどうやって是正していくかという道を考えついたのが釈迦です。そういう意味では、人間の宿命的な現象を釈迦が解明してくれたということですね。

古舘　釈迦は本当、科学者だと思います。実際にどう生きるかは各人のチョイスになってくるわけですが、大乗仏教を信じる人は「西方《さいほう》極楽浄土に行きます」というのもありだし、それを信じられない人には釈迦の教えが生きるうえで大事になってくるのでしょう。

　でも、僕は煩悩の極みから釈迦の仏教をエンタメ化して、言葉で伝えようとして苦しんでいますよ……。

客観的宗教とともに、主観的な自分だけの宗教を持ってもいい

古舘　やっぱり人間は弱いから拠り所がほしいし、何かを信じることによって、生きる苦しみから逃れたいと救済を求めるのだと思うのです。

佐々木　それは当然のことであって、たとえば「釈迦の仏教だけが唯一の真理で、それ以外のものは間違っているからやめなさい」なんてとんでもない話です。

釈迦の仏教は、人の生き方を客観的視点で方向づけようとする宗教です。しかし、自分の力ではどうにもならない不幸に直面すると、その人には客観的宗教とは別の姿の宗教が見えてきます。

これは、その人だけを助けてくれる何かがあると信じる「主観的宗教」です。誰かがつくった虚構としての宗教世界ではなく、本人が極限状態で感じた宗教体験にすがるほうが救済の力ははるかに強いでしょう。

古舘　釈迦の仏教の世界で生きていくことが真理だけれど、それだけでは人は生きられな

い。自分の体験に基づいてこそ救われるということでしょうか。

佐々木　ええ、私自身がそうです。私の場合、自分の家族の命が危ないときがあったのですが、そのときに、非常に低い確率でしか起こらないような出来事が立て続けに起こって、家族の命が救われました。いま振り返ると、それらの出来事はすべて「家族を救う」という一点に向かって起きていたようにしか思えない。

この体験は、人に向かって語るような真理の世界とは別のところにありますから、私だけが体得した主観的な宗教体験です。ですから、私の体験を人に話して「あなたも私が信じている不思議な力を信じなさい」などとは決して言いません。それを言い出すと、たちまち私の個人的体験が、怪しい信仰を看板に掲げる宗教団体になってしまいます。私の体験はあくまで私だけの体験として心の中に持ちながら、日常では、釈迦の教えに沿った生き方を心がけていく。これが私の生き方であり、そこにはなんの矛盾もないのです。何が正しくて何が間違っているかではなく、何が私を支えてくれるか、それが宗教世界での真理なのです。

古舘　僕は特定の宗教を信じてはいませんから、神がこの宇宙をつくったとは思っていません。でも、何かに救われたい、依拠する物語もほしいというときに、僕を僕たらしめているものは、宇宙のエネルギーです。

一三八億年前、ビッグバンによって想像できないほどの強いエネルギーの力が働いて宇宙は誕生し、いまもなお拡張し続けている。僕はそのエネルギーのかけらをもらってこの世界に生まれ落ちて、生きて死んでいくと考えると、宇宙のエネルギーに感謝するわけです。こういう考えを先生はどう思われますか？

佐々木　全然間違っていませんよ。ただ、そのような宇宙のエネルギーを、この世を構成する物理的原理だと考えるなら、それは客観的な真理の世界の一部に入ってきます。ということは、皆が古舘さんのように感じなければ宇宙のエネルギーが承認されなくなるわけです。でも、「宇宙のエネルギーに守られている」という主観的実感として宇宙エネルギーを捉えるなら、それは古舘さんを個人的に支えている主観的宗教と言えるでしょう。

古舘　宇宙のエネルギーは釈迦が言った縁起の法則ではないけど、因果だって同じようにずっとつながっていくものですよね。それをエネルギーだと捉えれば、僕の主観的宗教は釈迦の教えと離反するものではないと思えたりもします。そうやって釈迦の真理と主観的宗教の折り合いをつけている自分がいるのです。

たとえば、トマトの種があって、そこに陽の光が当たり、水をあげる。その因の果てにトマトがたわわに実る。因果の真ん中にご縁があると考えて、自分以外の全万物に感謝するのです。これは間違いなのでしょうか。

佐々木　いや、そんなことないと思います。

古舘　佐々木先生に「古舘さんは間違っていない」と言ってもらいたくてしょうがないんですよ。

佐々木　ただ、釈迦の縁起と宇宙のエネルギーを一本化する必要はなく、二つが別個にあっても全然構わないと思うのですが、どうでしょうか。

古舘　もうそれは、矛盾したくないという自分の欲望でしかないです。

佐々木　私は、宇宙は相対性理論で動いていることも、釈迦の教えが私の生きる指針であることも絶対的に信じています。このようなどこにも接点がないものはつなぎようがないですよ。でも一つにつなげなくても、両方とも真実として心の中で両立していますよね。

古舘　両立という良い言葉があるのに、一本化することばかりを考えていました。

佐々木　釈迦の教えと相対性理論はつながっていると言い出したら、皆、理解できなくて途端に逃げてしまいますよ（笑）。

古舘　そりゃ逃げます（笑）。でも真理の外に主観的宗教を設定するのは、人間という存在の悲しみでもあり、喜びでもありますね。僕は宇宙のエネルギーに守られていると思っていますし、自分を宇宙のかけらだと捉えて主観的宗教を勝手につくっています。

でも一方では、釈迦が唱える真理を信じながら、その教えを守るべく欲望を捨てることができない迷いはいつもあります。

佐々木　私も釈迦の信者でありながら、自分は超越的なものに守られているという思いを持って生きているのですから、完全なハイブリッドです。

古舘　なるほど。矛盾する・しないの問題ではなく、ハイブリッドでいいんですね。

佐々木　釈迦の教えとは別の宗教体験が存在する。ただそれだけの話ですよ。

釈迦の仏教を伝えたい自我（求不得苦）

古舘　面白くもあり、苦しくもありますが、仏教のことを周りに伝えていくと「難しいなぁ、長い話だなぁ」と、僕のお節介が災いして人が離れていきます。佐々木先生に釈迦の仏教の魅力を教えていただいたおかげで、友達を失っているんですよ（笑）。

佐々木　え？　いま何か良いことを言うのかと思ったら、恐ろしいことを……。やめてください（笑）。

古舘　釈迦の仏教も大乗仏教も素晴らしいけど、皆の仏教へのイメージが良くないのでしょう。寺はやっぱり、行きたくて行くところではなくなってきていますよ。昔の寺はよろず人生相談所で、役場としての役割や学びの場として寺子屋もありましたが、いまや檀家離れも進み、葬式や法事で行くくらいです。

「釈迦の仏教と大乗仏教とは違う」ということに興味がある人も稀《まれ》で、「古舘に捕まるとすぐに仏教の話になる」と面倒くさがられています。いまでは一人消え、二人消え……。釈迦の言った「独り犀の角のように歩め」とは、友達をなくせっていうことでしょうか。

佐々木　ひょっとしたらそうなのかもしれませんよ（笑）。

古舘　僕は「トーキングブルース」という一人語りのライブをライフワークにしています。アメリカの黒人差別から生まれた「ブルース」は音楽ですが、喋るブルースがあってもいいじゃないかと思って始めました。人が生きることは悲しいけど、悲しいことは喜劇でもあるから面白おかしく喋って、人間の本質は悲しみや苦しみだということを伝えたいのです。そんなライブで起きた出来事を聞いていただけますか？

佐々木　どうぞ、聞かせてください。

古舘　三年ほど前に福岡のあるライブ会場で、公演の主催者から「とにかく仏教の話は短めにして、あとは面白い話をしてください」と言われたのです。もうこの時点で、僕の自我がイラついているわけです。

佐々木　本当にそんなこと言われるのですか⁉

古舘　結局、ライブでは仏教の話はちょこっとしただけで、仏教を話したい自我が肥大しているから、まったくもって許せない。終演後、ホテルに向かうタクシーでスタッフに「先日、花園大学の佐々木先生という方に聞いた釈迦の仏教をもっと話したかった」と嘆いていたのです。

するとと、同乗していたヘアメイクさんが「何を話したかったのか聞きたいです」と言ってくれた。僕は嬉しくなって、道中の一時間半ほど、釈迦の仏教の話をびっしりしました。「人間は一瞬一瞬で別人になっている」「本当は自分なんて存在しない、フェイクだ」「人生はすべて思いどおりにはいかないんだ」と、それでも話は尽きないからホテルでも夜中まで、トータル五時間以上も喋り続けました。

さらに翌日、博多から飛行機で羽田に着いてもまだ喋り足りない。あと三、四十分で話が完結できそうなイメージがあったので、ヘアメイクさんに「渋谷の駅のロータリーまで送っていくよ」と言った。すると、返ってきた言葉が「まだ仏教の話されますよね、お願いだから一人で電車に乗って帰らせてください」。そう言われてようやく我に返り、謝りました。無我を伝えるつもりが、自我の極致だったわけです。佐々木先生、僕は仏教の精神に反するようなことをやって、完全に虐待していますよね。僕は病気でしょうか。

佐々木　病気とは言わないけども、普通でもない（笑）。

古舘　釈迦を殺そうとした従兄弟《いとこ》の提婆達多《だいばだつた》じゃないけど、僕はやっぱり自我が強すぎるのが悪いのでしょうか？

佐々木　古舘さんは仏教の真髄を知ってしまったから、それを知らない人に伝えたいという思いが強いのでしょう。でも、諸法無我の釈迦の教えを説いている人が我をむき出しにしたら、皆が矛盾を感じて逃げてしまいますよね。

古舘　憎むべきは僕の自我。そして罵《ののし》るべきは、聞く人の仏教に対する悪い固定観念という自我ですよ。自我と自我のぶつかり合いです。

佐々木　古舘さんは、教祖になって教団をつくる気はないでしょう？

古舘　まったくありません。「入信しろ」なんて欲望もないし、そんな素質も器もない。だって主体も何もないのですから。みんなに「釈迦の仏教すごいよ」って喋って、ウケればいいのです。

佐々木　ウケればいい（笑）。

古舘　やっぱりライブで喋って、たくさんの人に注目してもらいたい。「頑張っていますね」と声もかけてもらいたい執着もあります。この肥大した自我を、釈迦の教えによって客観的に眺めることができるようになった。ものすごく感謝しています。

その罪滅ぼしと言ったら失礼だけど、釈迦の仏教の真理を周りに伝えたいのです。エンタメだから、ふざけて考え方がゆがんでしまったりもしていますけど、やっぱり仏教の真理で言うと、僕の行ないは間違いですか？

佐々木　間違いではないです。でも、やっぱり我が強いのでしょう。

古舘　はい、強いです（笑）。釈迦の「推し活」をしていれば免罪符がもらえると意識しているのが自分のいやらしさであり、煩悩の在処《ありか》だっていう自己診断はできています。あと三年くらいしたら、「昨日、お釈迦様と喫茶店でお茶飲んだよ」とか妄想を言い出すかもしれません……（笑）。僕は間違っていると自覚しながらも釈迦を慕っていいですか。

佐々木　もちろんいいですよ。

古舘　つねに真理を意識することで自我は縮まる。釈迦の仏教は、自分にとっての抑制剤になっています。

佐々木　釈迦の教えを信奉しているからといって、我がゼロになるなんて無理なことです。我々は釈迦ではありませんから、たとえ三〇％でも五〇％でも縮めることができればいいのです。我は大きいよりは小さいほうがいいという自覚を持つことが大事なのであって、それだけでいいと思っています。

それに、私もいまの古舘さんのような時期がありましたよ。

古舘　えっ、本当ですか！

佐々木　釈迦の教えと、阿弥陀仏《あみだぶつ》の極楽浄土を説く教えは全然違うと初めてわかったときはたくさんの人に知ってもらいたくて、会う人会う人に仏教の話をしていました。聞いている人はやはり嫌がっていましたよ。

古舘さんが昔の私みたいになるのは自然なことです。先ほど話しましたが、釈迦の仏教が広まるきっかけとなった「梵天勧請」がまさにそうです。

釈迦は悟りを開いたあと、「いまから周りに教えを説いても聞いてくれる人はほとんどいないだろう、人に教えを説くなど無駄なことだ」と考え、仏教を広めようとしなかった。すると天から下りてきた梵天が、「たしかにあなたが思っておられるとおり、あなたの教えは皆が耳を傾けて聴いてくれる教えではない。しかし、たとえ少数でも、生きる苦しみで悩んでいる人たちにはあなたの教えは役立つ。その覚悟で仏教を広めてください」とお願いしたわけです。

つまり、説法がすべての人に受け入れられないのは、仏教が背負っている宿命であると。そして人の役に立つには、その前に正しい自分ができあがっていなければならないということなのです。

古舘　初めから人の役に立とうと思っているだけでは、かえって社会の迷惑になりかねませんね。僕はまだ正しくなっていないのにガンガン喋っています。

佐々木　次から次へと話が続くと、聞いている人もうんざりしてきますよ。

古舘　だから、「電車で帰らせてください」というヘアメイクさんの悲痛な叫びになるわけですよね。

佐々木　「梵天勧請」のような釈迦の人生のエピソードを一つだけ取り出し、それがどういう意味を持っているかを具体的な姿で語ると、素直に受け入れてもらえると思います。

あと、一人の人に一度ですべてを語るのではなく、シリーズで考えたらどうでしょう。一話から始まり、三日後に会うときに第二話……という具合に。いや、喋りのプロにこんなことを言うのは本当に失礼ですね（笑）。

古舘　佐々木先生のおっしゃるとおり、僕はどうしてもエンドレスで喋りがちです。今日の仏教の話はここまでと、シーズン五くらいまで細かく刻んで自我を縮めていかないと……。

小さな幸せで苦しみを覆い隠していないか？

古舘　現代人は、固定観念を物差しにして生きているほうが楽だから、唯々諾々《いいだくだく》と生きようとしている気がします。そこそこ幸せ、まあまあの人生だ、でも本当はモヤモヤを抱えている人ってけっこういると思います。そういう人たちの心に釈迦の教えは響くと思っていたのですが、佐々木先生のお話からすると、喋っても「いま幸せだから、釈迦の教えはいらない」って言われそうです。

佐々木　そう言われるでしょうね。

古舘　では、無理して喋らないほうがいいですか？

佐々木　皆に好かれて承認されることを幸せと考える人に対して釈迦の仏教は向きませんから、喋っても意味がないでしょう。その代わり、本当の人生の苦しみを体験してしまった人に対しては大いなる救いになるはずです。古舘さんの周りには、幸せな人ばかりいるのではないでしょうか。

古舘　幸せというよりは、幸せだと信じようとしている人が多いかもしれません。

佐々木　そう感じるのは、我々の精神が二重構造になっているからですね。一方には、刹那《せつな》的で小さな幸せを「これが生きる喜びだ」と思い込んで、それを拠り所にして日々を生きていこうとする本能的幸福観があり、他方には、老と病と死を背負って生きねばならない人生の本質を見通して「絶望している自分」がいる。

我々は絶望しているだけでは生きていけませんので、日々何か目先の喜びを見つけて、それによって本質的な苦しみを押し隠して生きていきます。精神が二重構造になっているおかげで人は生きていくことができるのです。

しかしそういった目先の小さな喜びではとても抗えないほどの深い苦しみを体験したとき、その人にとって、小さな喜びはなんの意味もなくなってしまいます。本質的な苦しみばかりが心に浮かんでくるようになって、生きるための拠り所が消滅してしまうのです。そういう状態になった人のためにこそ、釈迦の仏教があるのです。ですから古舘さんも、本当に苦しんでいる人に語りかければいいのであって、日々の小さな喜びを満喫している人たちに喋っても聞いてはもらえないのです。

古舘　ただ、僕も普通の人間ですから、二重構造を持っています。一方では、自分に幸せの物語を語り聞かせて、良い人生だと本気で思っている。他方では、釈迦が説いた真理に基づき、この世は縁起の法則で成り立っているのだと信じています。

そういう拠り所を持っていないと、小さな幸せで包み隠している自分の苦しみが耐えられない。だから、僕と同じような二重構造に苦しんでいる人にも釈迦の教えを言ってもいいのではないかという意識があるのです。

佐々木　毎日幸せに暮らしているように思っているけれども、じつは自分で自分をだましているだけで、どことなく重苦しさを感じて生きている人もたくさんいるでしょう。そういう人には、釈迦の言葉は響きます。

釈迦の教えなんか聞きたくないと思うのは非常に幸せな人で、だからこそ古舘さんに反発するのでしょう。でも、その場にいながら口が重くなっている人は、自分のつらさを表には出しませんが、古舘さんの話す釈迦の教えが心に響いているのです。

古舘　僕が喋っているときの相手の表情を頭に浮かべると、思い当たる節があります。一〇人に釈迦の仏教の話をすると、九人がせせら笑って去っていく。残る一人は、言葉少なに伏し目がちに話を聞いてくれています。

でも、釈迦の教えをもっとわかってほしいという自我も僕にはあるから、九対一で去っていく人たちの印象のほうが強く残っているのです。僕と似たように二重構造に悩んでいる一人が聞いてくれれば十分なのに。いま、自分の考えの浅はかさを思い知りました。

佐々木　一〇％の人が耳を傾けてくれるなら、良い確率ですよ。

古舘　僕は、自分中心に世界を見て苦しんでいる人たちに諸法無我を伝え、彼ら彼女らが変わってほしいと思っていましたが、この姿勢もまた釈迦の教えとは逆行しますね。

佐々木　仏教は、「釈迦の教えで社会を変えよう」とは言いません。それは、「世界中の人のあり方を我々の力で変えてやろう」という傲慢《ごうまん》な行ないです。

古舘　やっぱり、また自我が出てくるわけだ。

佐々木　仏教は、世の中を変えよう、あるいは自分と同じ考えを他者にも押しつけようとは思わない宗教です。

現代社会では、多数派の意見に合わせようとする風潮がありますね。多数派の意見を全員が受け入れなければならないという、一種政治的なものの見方です。しかしそこには必ず、周囲の見解に馴染めず、社会の枠からはみ出してしまって苦しんでいる人たちがいる。そういう人たちに対して仏教の教えは意味を持ってくるのです。

古舘　社会に絶望している人たちを救うのが仏教の本来的な考えでしたね。

佐々木　はい。だから、釈迦の仏教を大々的に宣伝してまわる必要はないのです。

古舘　佐々木先生にそう言われると、僕の自我が泣きます。聖職でもないのに釈迦の教えを伝道したいなんて生意気ですよね。でもやっぱり喋ることしかできないから、「俺が推している釈迦が説いた真理にふれると、心が少し楽になるよ」とお節介をしたいです。

佐々木　仏教を病院にたとえてみるといいでしょう。病院の医者は、患者を自ら引っ張り込まないですよね。

古舘　客引きはしていませんね。

佐々木　では病院は何も言わないかと言うと、そんなことはありません。「何か病気になったときには、このように治療すれば治りますよ」と、医学的な説明はするわけです。

古舘　ホームページや電柱に病院の宣伝はしていますが、控えめですよね。

佐々木　つまり、効き目の説明までにとどめておいて、「皆さん病院に来てください」とは言わない。

古舘　そういうことですね。新興宗教の勧誘ではないから、入るべき器すら用意していませんね。

佐々木　その病気で苦しんでいる人だけがやってくる。だから古舘さんも、この本のファンになってくださった人と新しい友情関係をつくったらいいのではないでしょうか。それが本当の意味での友達です。

古舘　大多数が去っていっても振り向いてくれる人は必ずいると思うと、なんだか僕の心も軽くなってきました。

若い人たちに真理を伝える難しさ

佐々木　古舘さんは母校の立教大学で客員教授をされていますね。いまの学生たちは、釈迦の仏教に対してどう反応していますか？

古舘　僕は佐々木先生のように仏教の専門家ではありませんから、仏教、言葉（喋り）、脳科学、高度情報化社会といったテーマを組み合わせた「現代社会における言葉の持つ意味」という講義で一〇〇分間喋っています。今年で六年目です。嬉しいことに、履修希望が多くて人気沸騰ですよ。友達はなくしているけど、学生は喜んでくれています。

佐々木　若い人たちに思いが通じているなら、それでいいんじゃないでしょうか。

古舘　とくにいまの学生たちは就職戦線のなかで「三分以内にあなたの個性を述べなさい」などと言われ続け、自我にとらわれているように思います。「自分がない」ことでネガティブの烙印《らくいん》を押されると思い込んでいる彼らに「自分なんて存在しない」と訴えてもなかなか理解してもらえません。

でも諸行無常と諸法無我のたとえとして、「一〇年前のニュースや映画を観て『古臭い』というのは誤解だよ。一〇年前は最新だと思って見ていた情報や映像は、何もかも寸分違《たが》わず同じで、自分の心が入れ変わって『古臭い』と感じている。人は刻々と変わり、固定された自分というのはフェイクだよ」と切り出すと、興味を持ってくれます。ところが、「四法印の諸法無我は自分なんていないということだ」とやり出すと、まったく受け入れてもらえないのです。

佐々木　相対性理論と同じで、時間や空間が伸びる・縮むと教えられても、実感が伴わないでしょう。真理を人に伝えるのはじつに難しいのです。

古舘　でも、佐々木先生から以前「理解できないことでも正直に言わないと、学生がかわいそうですよ」とご指摘を受け、僕自身の教える姿勢が変わりました。

それからは講義の初めに「皆がまったく理解できない話をいまからするけど、君たちが何十年かして人生の苦難に立ち向かうとき、『なんか昔、お喋りな先生が言っていたぞ』って思い出すと、漢方薬みたいに効いてくるから」と言うようにしたら、むしろ理解しようとする学生が増えたように感じます。

佐々木 人生経験の少ない学生にとっては非常に貴重な講義だと思います。

古舘 それに現代人は損得で考えるから、「自分なんていない（無我）」と言っても、どんな得があるかわからないと腑《ふ》に落ちない。

損得勘定で考える人には、「自我が大きい分だけ苦しみも煮えたぎって悩みが増える。だから苦しみを軽減するうえで、自我を小さくすることはとっても良い手法だよ。『自分はいないかも？』くらいに考えをソフトにしていくと、今日の自分と一〇年後の自分は別物になっているから」と話すと、納得してくれるんですよね。

佐々木 無我は、物事を正しく見るための第一歩です。無我を深く考えている人の意見を社会はもっと尊重すべきですし、「無我を受け入れることで新しい世界観が見えてくる」という釈迦の真理を知ることが、ゆくゆくは自分にとっての最も有益な利得になるということが伝わるといいですね。

記憶とは頼りにならない心の働き

古舘　「学生たちにわかってもらえない前提で喋りなさい」という佐々木先生のアドバイスによって、これまでよりは学生たちに仏教を理解してもらっていると思いますが、やはり不完全な僕が真理を伝えることは果てしない旅です。

たとえば、諸行無常について僕は「桜は蕾《つぼみ》の段階からもう散っているんだ」と説明します。僕たちは一般的に、咲いていた桜が散ることがむなしいと認識する。しかし仏教の考えに基づけば、桜は芽吹いたときから散る方向に向かっている、すなわちつねに「散っている」と言える。でもこう熱弁すると、皆「何言ってるんだろ……」と引いちゃうわけです。

佐々木　諸行無常を説明するなら、一〇分前に自分がどんな心であったか、その心の全体を表せるかを考えるとわかりやすいでしょう。

たとえば「一〇分前はお腹が空いていました」など、何か一つのポイントぐらいは言葉に出せます。でも、いまの自分の心を見たら一つのことだけを考えているわけではなく、いろんなことを見聞きしながら茫漠とした状態があって、それを自分だと思い込んでいるだけなのです。そして一〇分前の自分は、茫然としたますますでに消えてしまっているから、再現することは絶対にできません。我々は一刹那ごとにさまざまな精神状態の絡み合った状態で変容していきます。それを唯一つないでいるのが「記憶」という非常に頼りにならない心の働きです。記憶は自分に都合の良いことだけを伝えていきます。

古舘　記憶は都合の悪いことは全部忘れてしまいますね。

佐々木　私たちは自分に都合の良い情報だけをつなぎ合わせて、それらが時間的に続いているかのように認識しています。しかし、自分にとって嫌なものは無意識のうちに押し殺している。時には、都合の悪い情報を圧迫して押し込めるためのタガが緩んで、消していたはずの嫌なことが突然表に出てくる場合もあります。それは眠りから覚めるときが多いように思います。

古舘　だから、布団の中で嫌なことを思い出すのですね。

佐々木　私たちは、自分に都合の良い情報だけを、しかも自分に都合良く書き換えたうえで、それを「記憶」として認識しているのです。記憶もまた、諸行無常の法則の中で刻一刻と変わっているということなのです。

古舘　我々はつねに変わっているわけだから、「昔の自分といまの自分は一緒です」なんてとても言えませんね。

佐々木　そんなつかまえどころのない、雲のような姿の「私」というものをしっかり観察するには支点の定まった安定した観察眼が必要です。それが、瞑想と呼ばれる「集中した心の状態」なのです。瞑想状態の心で自分の客観的状態を見るとき、私たちは私たち自身の本当の姿を目の当たりにすることができると言うのです。釈迦の仏教の修行はここから始まります。

古舘　僕は自分が煩悩の塊になったとき、「ちょっと古舘、暴走しすぎじゃないか」と自問自答しています。だから釈迦の仏教は、完全にアンガーマネジメントだなと思いますね。僕は修行こそしていないけれど、自問自答している瞬間だけは自分の怒りを客体化できている気がします。時間がゆっくりと流れていて、坐禅の波打ち際にいるような気持ちになります。

佐々木　我を忘れて怒っている状態が次第に落ち着いていくとき、私たちが何をしているかと言えば、自分を客観的に見るように少しずつ視点を変えているのです。だから釈迦は、自己客観視のトレーニングをやれと説くわけです。坐禅も目的は同じことですね。

古舘　自分を変えていくことはまさに、諸行無常ですね。やっぱり釈迦の仏教はすごい。

第三章　大乗仏教編

古舘伊知郎×佐々木　閑

なぜ日本では釈迦の仏教ではなく、大乗仏教が浸透したのか

古舘　釈迦はサンガに入って修行することを説き、諸行無常だから集団の中で教えが変遷していくことも認めていた。それでも釈迦自身が発見した縁起は真理だから変わらない。けれども、真理以外の物事はすべて移りゆくから、仏教も変わっていくだろうと考えるのは自然ですよね。だから仏教には変化を受け入れる土台があり、その流れの中に大乗仏教が芽生えるきっかけがあるように思うのですが、この解釈は間違いではないですか。

佐々木　難しいところだと思います。釈迦本人の視点に立ってみれば、自分の教えが将来変化することは予想していなかったはずです。変わっていくのではなく、自分の教えを信奉する人が次第に減っていって、いずれ仏教が滅びる時代（仏滅）が訪れると考えていたのではないでしょうか。「教えが変わるだろう」ではなく「教えが滅びるだろう」と考えていたはずです。

古舘　それなら釈迦はきっと、「大乗仏教」のように形を変えて世界中に広まるなんて思いもよらなかったでしょうね。日本では釈迦の仏教ではなく、神や仏といった絶対的存在を認

める大乗仏教が浸透しているわけですから。
そもそも、なぜ日本では大乗仏教が普及したのでしょうか。時代背景も含めて、佐々木先生にうかがいたいです。

佐々木　大乗仏教の特徴の一つである「悟りのインスタント化」が大きいでしょう。大乗仏教は釈迦の仏教とは違って、自分の中にある煩悩を自分の力だけで消していこうとするのではなく、なんらかの外的な助けを借りて消そうとします。たとえば、「自分の心の内には、もとから仏が存在している」という仏性思想は大乗仏教の代表的教えの一つですが、これは「自己を見つめる」という行為だけで悟りを開くことができると考える点で、悟りへの道が極端に簡略化されています。この教えを究極にまで推し進めると「いまの状態がそのまま悟りだ」という、釈迦の教えとはまったく異なる現実肯定論に行き着きます。

古舘　自分の中にある仏性に気づき、人として正しく生きていれば誰もがブッダになれるという物語は大乗仏教でよく説かれていますが、ストーリー性のある説法が民衆にとって親しみやすかったのでしょうか。

佐々木　親しみやすいというよりも、救いの道がインスタント化されたために、そのアピール度が釈迦の仏教よりもはるかに高いのです。誰だって「困難な道を時間をかけて歩まねばならない」という教えよりも「誰でも簡単に悟れます」という教えに惹かれるのは当然のことですから。

いまの産業世界の商品でたとえると、最初に出てきたのは釈迦の仏教。そのあと、さまざまな機能をつけ足して出てきたのが大乗仏教です。ベースとなる最初の製品に便利な機能をつけて「こちらのほうが手間を省けますよ」というふうに次々と新製品がつくられる。こうして悟りの領域や道筋がどんどん簡素化していき、機能性の高い改良されたものが手に入る、という形で大乗仏教は生まれました。

古舘　炊飯器にたとえると、「ワンタッチでご飯が炊けますよ」みたいなことですね。

佐々木　そうです。かまどで炊くのが釈迦の仏教なのですが、それがワンタッチで炊けるようになってくるのです。

ただしここで問題なのは、そうやってインスタント化した教えが、本当に私たちの生きる苦しみを消し去る機能を持っているのかどうかです。インスタントなものにはそれなりの怪しさもつきまといますから。これに関しては、大乗の教えで良いと考える人もいるでしょうし、釈迦の教えのほうが信頼できると感じる人もいるでしょう。そこは選択の問題です。

ともかく、こうして新たに登場したさまざまなスタイルの大乗仏教は皆、「我こそが釈迦の教えである」という看板を掲げてインドに広まっていきました。時系列に沿って釈迦の仏教から種々の大乗仏教へと、仏教は次第に変容してきたと皆わかっているのならば、「最新式のインスタント仏教は便利だけれども、本物は別にあるのでは」という半信半疑な気持ちになりますね。ところが、どの製品にも「これこそが釈迦が説いた本物だ」という謳《うた》い文句になっているわけです。知らない人が見たら、どの製品を選ぶでしょうか。

古舘　全部に「元祖、本家」とついているなら、最新型を選ぶに決まっていますね。

佐々木　はい、こうして、歴史的には一番新しい教えが、最も良い製品として皆の注目を浴びるようになるのです。

古舘　失礼な言い方かもしれませんが、大乗仏教は大変便利であると言えますね。だから僕も、生きるうえで重宝しています。

だけど、真理は本来そこまで便利ではないし、やはり薪《たきぎ》やかまどで炊く最初のやり方が本物だと思っています。それなのに、実生活では便利な最新式を使ってしまう。このような二重構造で生きていいのでしょうか。

佐々木　どちらを選ぶか、どのように使うかは消費者によります。釈迦の教えでなくても最新式ならいい、という人もいるわけです。自分にとって生きる支えになるのであれば、別に本家でなくていいでしょう。

　ですが、私も古舘さんも釈迦の教えが真理だと信じていますから、釈迦の仏教を選びました。それは私たち独自の感性の表れであって、それが唯一の正解だ、などということにはなりません。それは必要に応じて最新式の大乗仏教を取り入れることも、もちろん間違いではありません。どちらをどのように選んだとしても、その人にとっては真理なのです。

古舘　真理は一つではない、人それぞれ違うということですね。

佐々木　その人が選び取った真理を、「間違いだから捨てなさい、こちらを真理として選びなさい」とは言えません。宗教は科学ではありませんから、それぞれが何を選んだとしても自由です。私たちが釈迦の教えを素晴らしいと言っても、普遍性のある主張ではない。それぞれの領域のものを選び取って、これこそ釈迦が一番言いたかったこと、釈迦の本意はこれだったと個人的に解釈するわけですから。

古舘　だから大乗仏教の世界では、釈迦の教えをさまざまな形に変えた教義が生まれてくるのですね。

佐々木　その変遷が大乗仏教の多様性を生むわけです。もし大乗仏教が釈迦の教えを曲解しただけの底の浅いものだったら、これほど長きにわたって信仰されていないでしょう。とっくの昔に途絶えてしまっているはずです。

古舘　現在に至るまで日本で信仰されてきたのには、それなりの理由や意味があったわけだ。

佐々木　たとえ釈迦の教えとは教義が違っていたとしても、その多様な世界を知ることによって大乗仏教の存在価値が見えてくるでしょう。

古舘　なるほど。ただ、科学がここまで信仰されるなか、私のように信仰はほしいけどあの世や神、仏といった超越存在を信じ切ることは難しく、「信仰難民」と化している人間には、実践できずとも、釈迦仏教の真理は沁《し》みるのです。

発祥の地インドで仏教が衰退した理由

古舘　釈迦の入滅後、紀元前後ぐらいに大乗仏教が勃興したと言われています。その後イスラム勢力に征服される十三世紀頃までの長期間、インドにはずっと仏教がありましたが、とくにアショーカ王の時代が、仏教が民衆に広まる大きなターニングポイントになっていたんですよね。

佐々木　釈迦が亡くなってから一〇〇〜二〇〇年後、インド全域を統治していたアショーカ王が仏教に帰依《きえ》したことで、仏教がインド全土に広まったのだと思われます。当時、解釈の違いによって仏教世界が二〇ほどの「部派」と呼ばれるグループに分かれました。このような状況を部派仏教と呼びます。それぞれの部派が「自分たちの解釈が正しい」と主張するわけです。

　ここで重要なのは、部派同士がいがみ合うことで仏教が完全に分裂したという状況ではなく、お互いの存在を認め合いながらも、見解の相違をめぐって穏やかに論争していた、という点です。

古舘　一つの政党にいくつかの派閥があるような状況ですね。異なる解釈であっても仲間として並存しているから、仏教という大きな枠組みは残る。

佐々木　こうして仏教の中にさまざまな教えが生まれ、多様化への道を歩み始めるわけです。そして部派仏教の時代を経て大乗仏教が興起し、その多様化が急激に加速されることになるのです。

古舘　当時の社会的な背景も、仏教の興隆を後押ししたのでしょうか。

佐々木　一つには経済的な要因があります。じつは仏教は、商業と非常に相性の良い宗教です。たとえば、不殺生の教えで考えてみるとわかるでしょう。農業は農作物を育てるために土を耕して虫を殺しますし、漁業や狩猟は動物を殺します。このような第一次産業の人たちは否応なく殺生せざるをえないから、仏教とあまり相性が良くない。一方で、物品を右から左へ流通させるような仕事は不殺生を実践しやすいため、仏教のあり方と非常に合う。だから、商業の発達と同時に仏教も発展するわけです。

古舘　ジャイナ教との共通点もありますよね。苦行とか不殺生とか、すごく厳格な修行スタイルの宗教ですけど、反バラモン教の立場で努力するという点は仏教とよく似ていると感じます。

佐々木　おっしゃるとおりで、ジャイナ教も商業とともに発展しました。ジャイナ教と仏教は同時代に現れた宗教で似たところもありますが、生活の厳格さという点では仏教のほうがはるかに緩やかです。なぜならば、釈迦は徹底した精神主体論者であり動機主義者だったので、肉体活動よりも、その活動の動機となる心的状態こそが重要だと考えたからです。

古舘　ジャイナ教は戒律が肉体的に厳しすぎたから、周辺の国々に広まらなかった。その点、仏教の修行は異なる文化圏の人でも取り入れやすく、どんどん普及していったんでしょう。

佐々木　ジャイナ教は動機主義ではなく結果主義なので、「どういうつもりでやったのか」よりも「何をやったのか」を重視します。過失であっても、やった行ないの責任は免除されないという立場です。それはそれで立派な思想なのですが、こういった極度な厳格さは、インド以外の文化圏では容易に受け入れられなかったのです。

しかしインド内部では、仏教とジャイナ教はどちらも、商業関係者を中心にして広まっていきました。インドが統一されて商業流通ルートが確立すると、仏教もジャイナ教も急速に発達するのですが、国が乱れると衰えるといった特性があります。五〜六世紀あたりからインドが群雄割拠時代を迎え、不安定な情勢で経済的な基盤を失ったことが一因で、仏教は力を失っていきます。この隙をついて、それまで仏教の後塵《こうじん》を拝していたヒンドゥー教が巻き返しを図るというわけです。

古舘　ヒンドゥー教は、もともとバラモン教を起源としていますよね。

佐々木　バラモン教を批判する仏教やジャイナ教が誕生するなかで、バラモン教も変革を余儀なくされるのです。そして、当時民間で信仰されていたさまざまな宗教的要素を取り入れながら形を変えたものです。つまりバラモン教が大衆化したものがヒンドゥー教です。

古舘　より大衆化することで、混乱期の人びとに受け入れやすくしたということですね。それで仏教が負け始めるわけだ。

佐々木　仏教は勢いを取り戻したい気持ちが強かったのでしょう。いったん負け始めると、敵方のヒンドゥー教を模倣し始めます。教義をヒンドゥー教寄りに変えていく。超越的なものによって我々は救われるのだという、ヒンドゥー教の神秘主義的な考えを取り入れていくのです。

古舘　仏教は妥協したのですね。

佐々木　その妥協の産物が密教です。信徒の世俗的願望を叶える呪法や、神秘的儀礼による教えの伝授などを取り入れた新たな形の仏教が登場したのです。密教は、仏教がヒンドゥー化した姿です。

古舘　日本で言えば、真言宗ですか。

佐々木　真言宗は密教の中でも清廉な姿を保った流派ですが、もっと世俗化してひどくなっていった流派もあります。たとえば、性的な行為を実際に修行として取り入れるようなところまでいったようです。

古舘　煩悩から離れる仏教で性的な修行とは、なんとも本末転倒ですね……。

佐々木　釈迦の教えなど吹っ飛んでしまって、ヒンドゥー教の、しかもその中でも非常に異端的なものに変化してしまう場合もあったのです。

古舘　「性的行為が悟りの境地だ」ということになると、あらゆる煩悩や欲望を全面肯定してくれるわけだから、人びとにとっては非常に都合が良いですよね。

佐々木　ヒンドゥー教はもともと、性的なものを繁栄のシンボルとして大切にする宗教です。それは決して非難されるべきものではなく、立派な宗教の一側面なのですが、一部の人がそれを極端な形にまで進めてしまって、性的行為そのものを修行の実践だと言い出すようになった。そのような異端的ヒンドゥー教をさらに密教が取り入れて、性的なエクスタシー宗教にまで変容していったのです。これは熱情に浮かされた民衆にはウケます。日本で言うと、幕末の「ええじゃないか運動」のような大衆的狂乱が、わっと広がっていくのです。

古舘　一種のポピュリズムですよね。

佐々木　そうです。一般の人たちに広げるにはどうしたらいいか、欲望を叶えるような宗教を語ればいいじゃないか、という思考です。一〇〇人に語って一人しか真面目に聞いてくれなくても構わないという覚悟で始まった仏教が、いつの間にか、インドの人びと全員にウケるにはどうしたらいいかと考えて、ポピュリズム運動になっていきます。

古舘　そうなれば当然、ポピュリズム運動の親分であるヒンドゥー教と同化していくのは避けられませんね。

佐々木　こうして仏教はある意味、アイデンティティをなくした宗教に変貌したのです。その一方で、出家した僧侶たちは権力者からたくさんのお布施をもらって象牙《ぞうげ》の塔にこもり、釈迦の教えを皆に広げることはしなくなります。ええじゃないか運動的な仏教と、哲学者然とした僧侶たちのスノビッシュな研究センターという、完全に二つの層に分かれていくのです。

「最後の一撃」としてのイスラムの襲来

古舘　「象牙の塔」とは、具体的にはどのようなものですか。

佐々木　代表的な場所としてインドには、ナーランダー寺院、ヴィクラマシーラ寺院という二つの寺院がありました。ナーランダー寺院は五世紀頃につくられた総合仏教大学で、あらゆる分野の学問を研究していました。ヴィクラマシーラ寺院は主に密教を学ぶための大学で、八世紀頃につくられました。どちらも、時の権力者がパトロンになって、莫大な資金と民衆からの税金をつぎ込んだ巨大な仏教センターです。

古舘　そういった寺院が創設されたのは、大乗仏教が起こる前のことですか。

佐々木　いいえ、すでに大乗仏教が登場し、古い釈迦の仏教と新しい大乗仏教が併存するようになった時代です。とくにヴィクラマシーラ寺院がつくられた八世紀頃は大乗仏教の最後の形である密教が隆盛を極めた時代でした。こういった仏教研究センターにはインドだけでなくスリランカ、東南アジア、中央アジア、中国など、アジア各地からエリート僧侶たちが集まってきて仏教研究に取り組みました。「仏門に入ることはすなわち仏教センターで学ぶことである」というふうに学問が目的化していくわけです。ですから哲学的教義は非常に深まっていきました。しかし、人びとからお布施をもらいながら研究をしているにもかかわらず、インドの大衆に仏教を広めていくという宗教者本来の姿勢は薄まっていきました。

古舘　養ってもらうだけになってしまったんですね。

佐々木　『西遊記』で有名な玄奘三蔵法師《げんじょうさんぞうほうし》も、ナーランダー寺院で何年も勉強しました。「我々が認識しているあらゆる存在は、自分の心がつくり出した虚像の世界である」と考える、「唯識《ゆいしき》」という仏教哲学を徹底的に学んで中国に帰り、中国における唯識思想の礎を築きました。このように当時の仏教では学問が非常に重視されるようになって、その分、一般民衆に仏教を広める力が弱まっていったのです。

古舘　だから一般民衆の間では、ヒンドゥー教的な密教がどんどん広がっていった。そして、「最後の一撃」がイスラムの襲来ですね。

佐々木　はい。ナーランダー寺院もヴィクラマシーラ寺院も同時期に、イスラムの軍隊によって完全に破壊され、僧侶はほぼ全員殺されました。四階建てから七階建てのレンガ造りの建物が、何棟も見渡す限り並んでいるような壮大な仏教センターが徹底的に壊されたのです。そこには巨大な図書館もあったらしいのですが、収められていた仏教の聖典もすべて焼かれました。燃やすのに一カ月かかったと言われています。

古舘　仏教を「火葬」してしまったわけですね。

佐々木　はい、いまではレンガの遺跡以外、何も残っていません。ただ、先ほど述べましたようにイスラムはあくまでも「最後の一撃」であって、その前にすでに仏教は衰退していたわけですが**（図表４）**。

古舘　インドでは仏教は象牙の塔を壊されて終焉を迎え、イスラムが政権を樹立する。そういう流れになっていくわけですか。

佐々木　象牙の塔にこもっていた仏教は、二つの寺院が崩壊したことで完全になくなります。その一方で、残ったポピュリズム仏教はやがてヒンドゥー教と同化していく。「ブッダ

図表4　古代インド史と仏教の変遷

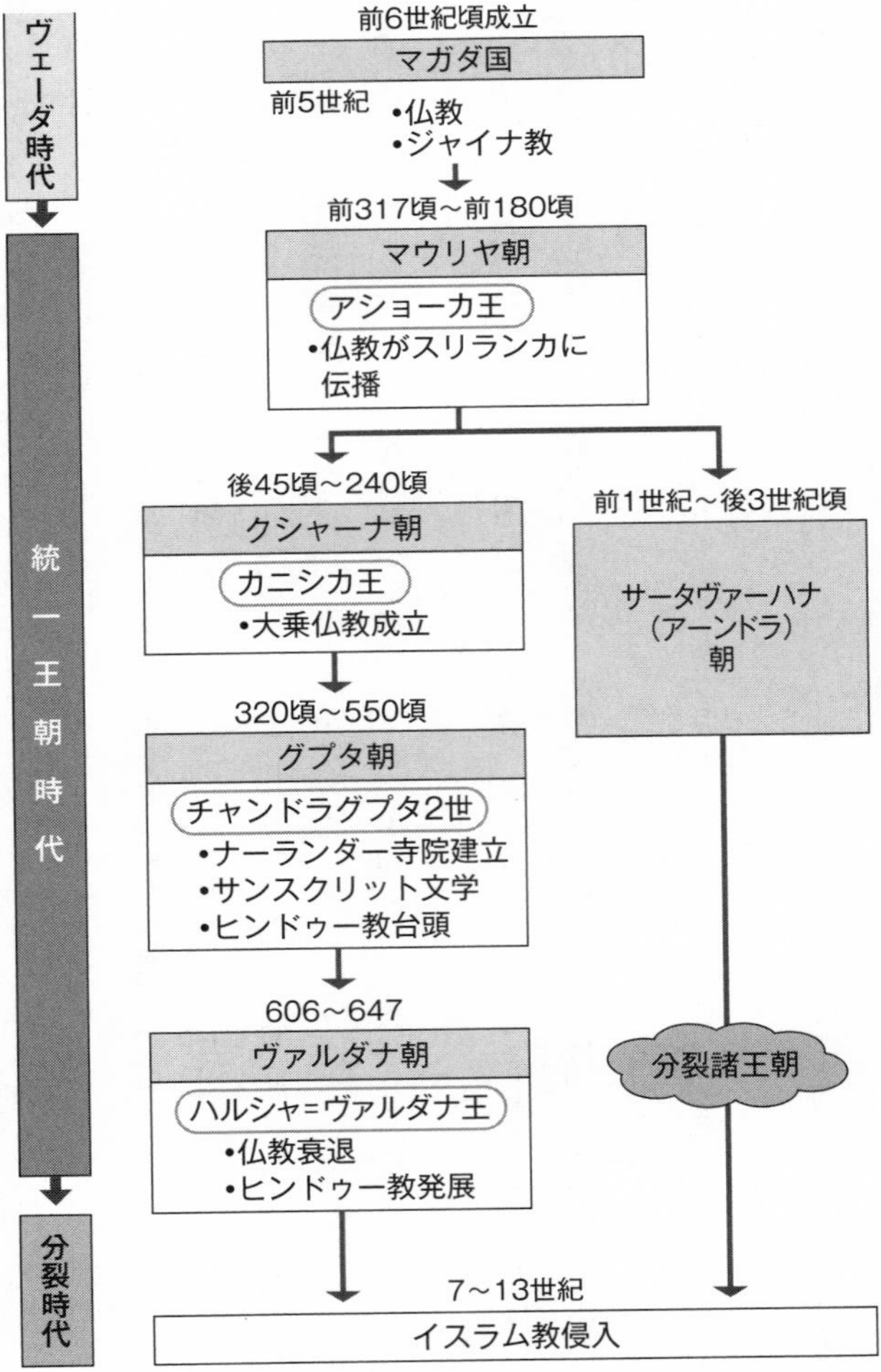
ヴェーダ時代
統一王朝時代
分裂時代
前6世紀頃成立
マガダ国
前5世紀
•仏教
•ジャイナ教
前317頃～前180頃
マウリヤ朝
アショーカ王
•仏教がスリランカに伝播
後45頃～240頃
クシャーナ朝
カニシカ王
•大乗仏教成立
前1世紀～後3世紀頃
サータヴァーハナ（アーンドラ）朝
320頃～550頃
グプタ朝
チャンドラグプタ2世
•ナーランダー寺院建立
•サンスクリット文学
•ヒンドゥー教台頭
606～647
ヴァルダナ朝
ハルシャ=ヴァルダナ王
•仏教衰退
•ヒンドゥー教発展
分裂諸王朝
7～13世紀
イスラム教侵入

というのはヒンドゥー教の神様の化身の一人だ」ということになってしまうのです。こうして仏教はインドで完全に忘れ去られ、「ブッダ」という名前すらも人びとの記憶から消え去っていく。十九世紀にインドを植民地支配したイギリス人たちが、考古学調査によって仏教を再発見するまで、「インドには昔、仏教という宗教があった」という事実は闇の中に葬られていたのです。

古舘　僕は何十年も前、インドに仏教を探す旅に行ったことがあるのですが、仏教の痕跡をほとんど見つけられませんでした。

唯一見かけたのは、オールドデリーで立ち寄った大きなヒンドゥー教寺院でした。ヒンドゥー教の神様のレリーフがずらっと並んでいて、それぞれ宗派などの説明が英語で書かれているのですが、その最後尾にポツンとあったのが、釈迦の顔が刻まれた「ブッディズム」だったのです。たしか、「仏教（無神教）」と書いてありました。無神教という説明は正しいのだけれども、ヒンドゥー教の一派として並んでいるのは初めて見る光景でした。

佐々木　ヒンドゥー教にヴィシュヌ神という神様がいまして、この神様はさまざまな化身となってこの世に姿を見せます。その化身のことを古代インド語で「アヴァターラ」と言います。英語の「アバター」の語源ですね。そしてブッダというのは、このヴィシュヌ神のアヴアタ―ラの一つだとされています。仏教という独立した宗教をつくった教祖だとはみなされていないのです。「昔、ヴィシュヌ神がブッダという姿で世に現れ、無神教の教えを説いた。しかしそれはヴィシュヌ神の本当の教えではなく、たんなる方便としての仮の教えである。本体はあくまでヴィシュヌ神であって、本当の教えはヒンドゥー教の教えだった」という具合です。これが、いまのヒンドゥー教で信じられている仏教の姿なのです。

日本の仏教は密教から始まった

古舘　仏教はヒンドゥー教に同化していった結果、発祥の地インドでは廃《すた》れてしまった。けれどインドの外に出た仏教は、その後どんどん周辺国に伝播《でんぱ》していきますね。まず釈迦の仏教が南のスリランカに伝来するけれど、北方、ヒマラヤのほうは険しい山に閉ざされている。だから陸路での伝播は、シルクロードの門が開くのをずっと待っている状態にあった。

佐々木　シルクロードが開通したのはいまから二〇〇〇年くらい昔ですが、その頃はすでにインドで大乗仏教が生まれていましたから、中国には釈迦の仏教と大乗仏教という新旧二種類の仏教が一気に流れ込むことになりました。

古舘　その後、いろいろな宗派に分かれながら大乗仏教だけが日本まで伝わってくるのですね。

佐々木　そうです。さまざまな方向にモデルチェンジしながら広まり、日本には最新式の密教が平安時代初期に入ってきたというわけです。

古舘　たしか、その前に奈良仏教がありましたよね。

佐々木　奈良仏教は、「国を治めるために仏教を利用したい」という権力者側の国策と結びついた、いわゆるサロン仏教です。ですから、多くの信者によって支えられた真の宗教としての仏教は、奈良仏教のあとに入ってきた天台宗、真言宗という二系統の密教が最初なのです。

古舘　ワンタッチでご飯が炊ける最新式が日本に入ってきた。

佐々木　日本の密教には、真言宗と天台宗の二つの宗派があります。まず最澄《さいちょう》が遣唐使の一員として中国に渡り、当時最先端の仏教として人気のあった天台宗の教えを学んで日本に持ち帰りました。天台宗というのは面白い宗派で、「いろいろある仏教の教えのどれか一つだけを選び取る」というのではなく、「すべての教えを詰め合わせにしてまとめて信じます」というのです。

古舘　阿弥陀様の信仰も『法華経』も、何もかも全部ですか。

佐々木　内容が互いに矛盾していても、全部まとめてです。

古舘　すごい！　〝仏教福袋〟だ！

佐々木　真ん中に『法華経』という主柱は立っているけれども、その周りに阿弥陀様もいるし、その他、いろいろな教えが皆入っている。その天台宗を最澄が中国から持ち帰り、「これが最上の仏教の教えです」と言ったので、時の天皇は「素晴らしい」と支援したわけです。

古舘　それで比叡山《ひえいざん》にバーンと延暦寺《えんりゃくじ》を建てたのですね。

佐々木　ところがその直後、天台宗と並んで最先端だった密教を中国から持ち帰った人物がいます。皆さんご存じの空海《くうかい》です。空海が学んだ密教は天台宗とは違って、詰め合わせではありません。純粋な密教を持って帰ってきたのです。

古舘　高野山《こうやさん》の金剛峯寺《こんごうぶじ》の真言宗ですね。

佐々木　はい。詰め合わせの天台宗と、純粋に単一の密教だけを説く真言宗。二つを比べたら、真言宗のほうがピュアでかっこよく感じますよね。

この二種類の先端仏教が同じ時期に伝わったわけで、どちらが天皇を中心とした時の権力者たちの気を引くかの勝負になってきて、比叡山と高野山が京都を舞台にして権力闘争を始めます。天皇の支持をめぐって、詰め合わせでいくのか、ピュア密教でいくのかという対立です。

古舘　一方は総合デパートの天台宗を信仰する比叡山、もう一方はハイクラスな専門店の真言宗に帰依する高野山、さあ、戦いの火ぶたが切られました！　と言っているそばから権力争いになっちゃうところが、釈迦の仏教とは違うなぁ。

佐々木　当時は、人が正式な僧侶になるための審査儀礼を、東大寺などの奈良仏教がすべて仕切っていて、奈良仏教以外の教団が勝手に人を出家させることができませんでした。その仕組みに最澄は異議を唱え、比叡山の延暦寺にも別の戒壇院《かいだんいん》（審査儀礼の執行場）を建てるべきだと、真っ向から対立します。

その最澄側の動きを見た空海は、敵の敵は味方だということで奈良勢とつながるわけです。最澄には桓武《かんむ》天皇という後ろ盾があったのですが、天皇が崩御すると、今度は空海が、新しい天皇である嵯峨《さが》天皇の支援を獲得することに成功するのです。

古舘　奈良・高野山・京都という三点を、空海がすべてとらえたのですね。要所となる地域を一つの真言パワーで掌握したわけだ。

佐々木　そして、最澄の天台宗はこれに対峙し、比叡山を中心に、勢力争いを続けていくわけです。

古舘　空海は戦略に長《た》けていますよね。かたや最澄は生真面目というか。

佐々木　個人的な印象ですけど、最澄は学識派ですね。学んだことが真理であり、真理は学んで体得するものだと考えていたと思います。一方の空海は天才肌です。

古舘　超能力系のね。

佐々木　自分を信じさせる能力があるというか、人の心をつかむのが上手です。二人とも遣唐使の一員として中国に渡って仏教を学びましたが、空海は私費の留学生として行っています。下っ端で名もない学僧でした。ところが現地で才能を見出され、日本に帰ってきたときには大変な有名人になっていた。しかも、非常に短い留学期間で帰ってきていますからね。

古舘　学習能力がすごくて、二〇年の予定をわずか二年に切り上げたとか、本当でしょうか？

佐々木　そんな短期間で勉強できるはずはありません。自分は学習能力がすごい、と他人に見せる能力が高いのです。

古舘　そういうことですか。サンスクリット語もペラペラになって帰ってきたと聞きます。

佐々木　できるわけないです。実際、空海が残したサンスクリット語の本を研究した学者の意見によりますと、決して本格的には理解していないということです。
古舘　そのあたりから空海の人間像も想像できますね。超絶的なカリスマ人間だったのでしょう。
佐々木　こうして天台宗と真言宗がその後の日本仏教のベースになりました。だからこのあと登場する新たな仏教宗派はすべて、なんらかの密教的な要素を持っています。日本仏教はベースが密教なのです。

鎌倉仏教は延暦寺の異端者から生まれた

佐々木　そして、さまざまな教義の詰め合わせである比叡山の天台宗へ勉強しに行った人たちの中で、とりわけ宗教的感覚が敏感な人は「詰め合わせはおかしい」と気づくのです。
古舘　仏教という宗教の本質は、どれか一つだということですね。
佐々木　天台宗は詰め合わせなので、クッキーにするかチョコレートにするか、自分で選ぶこともできる。ですから、「真の仏教は詰め合わせではなく、単一で純粋な教えであるべきだ」と考えた人は、その詰め合わせの中から、自分の思いに沿う教えを選び取り、「これこそが真の仏教だ」という確信を持つことになります。

古舘　でも天台宗は詰め合わせの仏教だから、単体を勝手に選ぶアラカルト形式は、延暦寺では異端になるのですか？

佐々木　そのとおりです。天台宗は詰め合わせを「釈迦の教え」として信じる宗派ですから、一つを選び取った人は延暦寺にはいられなくなり、比叡山を下りるしかない。そして比叡山以外の場所に行き、自分の選んだものだけが、本当の仏教だと言って世に広めていく。これが鎌倉仏教です。

古舘　なるほど。臨済宗《りんざいしゅう》や浄土真宗などの諸宗派は、もとをたどれば詰め合わせの中の一つだった。僕も素人ながら少しだけ勉強しようとしたことがありますが、鎌倉仏教の開祖たちは必ず比叡山に行って、そして山を下りている。なぜ天台宗を引き継がずに違う宗派になるのかなと疑問に思っていましたが、佐々木先生のお話でようやく謎が解けました。

佐々木　たとえば法華経を選択したのは日蓮《にちれん》で、阿弥陀信仰のお経を選び取ったのは法然《ほうねん》と親鸞《しんらん》、というふうに、日本の各仏教が分かれていくもとになるわけです。

古舘　だからどの宗派も、真言宗ではなく天台宗がベースになるのですね。もともとピュアな真言宗からは何かを選び取ることはできないから。

図表5　日本の仏教の流れ

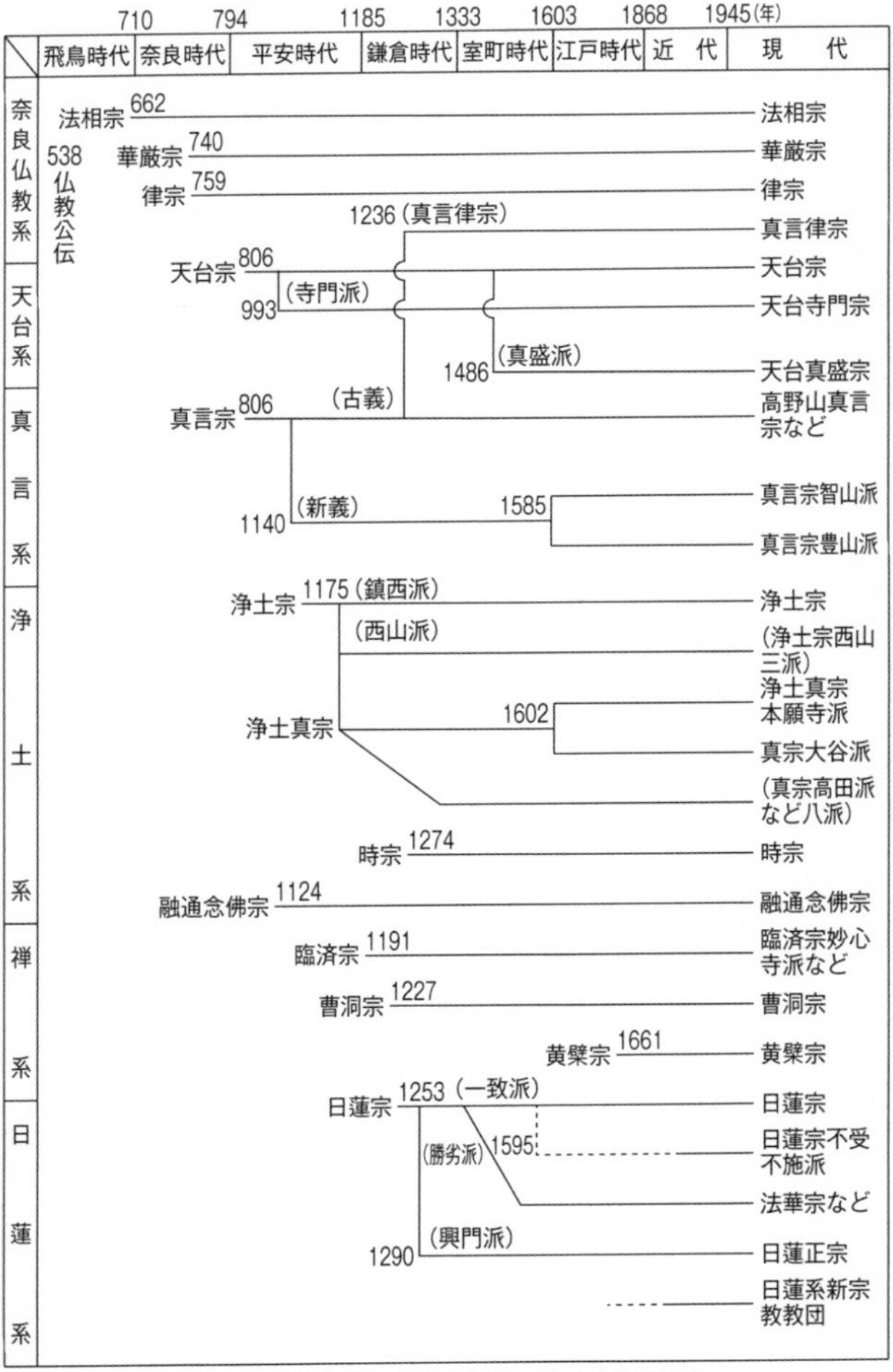

出所：文化庁編『宗教年鑑』(令和5年版)に掲載されている図をもとに作成

佐々木　そう考えると、インドと日本では仏教の発展順序が逆転しているのがわかるでしょう。インドでは、違った思想を説くさまざまな経典が個別につくられ、それらがやがて密教の中に含み込まれて一体化していったのに対して、日本の仏教はまず、すべてを一つにまとめた密教が最新型仏教として導入され、やがてそこから、個々の違った教えを選び取った人たちが、阿弥陀信仰、法華経信仰、般若信仰などへと分かれていったわけですから。

古舘　インドが歩んできた順番を逆にたどっていますよね。日本では最初が密教だから、それぞれの宗派の中にも密教の要素がベースに必ず見られる。だから釈迦の仏教が根付かなかった。

ただ、日本でも釈迦の仏教の要素がゼロではなかったですよね。たとえば、鎌倉仏教の興隆に大きな影響を与えた末法思想などは釈迦の仏教のときからありました。釈迦の入滅後五〇〇年後とかあるいは一〇〇〇年後に教えが消滅するという言い伝えですね。

佐々木　そうですね。少し説明を加えておくと、末法思想とは「釈迦が亡くなってしばらくすると、正しい仏教の教えが衰退し、現世で悟りを開くのが不可能な時代が訪れる」という仏教の予言・歴史観のことを指します。大乗仏教になっても末法の教えは保持されて伝わりますから、釈迦の仏教であれ大乗仏教のどの宗派であれ、やがて末法が訪れることは共通して説くわけです。いずれこの世は、救いのない恐ろしい時代になるという世界観ですね。
ただし、末法になっても、その先にはまた別のブッダが現れて人びとを救ってくれる時代が来るとされていますので、完全な悲観論ではありません。それでも、当時の人たちにとっては背筋も凍るような怖い思想だったと思います。

古舘　末法思想は脈々と、しっかり受け継がれているのですね。

大乗仏教の中で最も釈迦に近かったのは道元？

古舘　『大乗仏教』（NHK出版新書）という佐々木先生の著書で、日本の大乗仏教の中で釈迦に最も近かったのは、曹洞宗《そうとうしゅう》の開祖である道元《どうげん》じゃないかと述べられていますね。

佐々木　はい。修行をすることで自らの煩悩を消していくのが仏教の本義だと考えて、釈迦の仏教の根幹をそのまま受け取ったのが道元だと思います。

古舘　他力ではなく自力で努力して悟っていく点が、釈迦との共通点と見ていいのでしょうか。

佐々木　そうです。おそらく道元は、自分自身を救ってくれるような外の超越的な存在は何も認めていなかったはずです。自分の煩悩は自分で消すという、釈迦の考えそのものだったと思います。ただ、生まれが大乗仏教の時代だったものだから、ある問題が出てきます。それは、大乗仏教では初めから自分の中に仏が存在していると考えるのです。

古舘　我々は自分で気づいていないだけで、もともと仏性を持っているのだと。

佐々木　その仏性は煩悩というほこりにまみれているだけなので、「ほこりを払えば誰でも心の中からブッダが現れてくる」、これが禅宗の基本です。

大乗仏教が言うように、「私たちは修行する前からすでに仏なのだ」と考えるべきなのか、それとも釈迦の仏教のように、「修行によって煩悩を消した先に悟りがある」と考えるのか。道元はこの異なる二つの道を前にして悩んだのではないかと思います。

古舘　二つの考え方で板挟みになって悩んだわけだ。「私はいったい何のための修行をしているんだ」と。でも当時の日本にはすでに、大乗仏教的な世界観が浸透していた。

佐々木　「悟りを開こうと努力しなくても我々は本来ブッダである」という大乗的な考え方のほうが主流でした。

古舘　すでに我々がブッダだと言うなら、そもそも修行は必要ないということになりますよね。煩悩を消すために修行するわけだから。

佐々木　まさにその点で道元は悩むわけです。そして最終的に、やはり時代の人だから大乗仏教側につきます。「我々がブッダであるなら修行しなくていいのではないか」という質問に対して道元は、「坐禅を組むことは自分が仏であることを確認する作業なのだ」という立場になる。それが曹洞宗の基本テーゼになっていくわけです。

古舘　道元の悩みを想像すると、釈迦の仏教に時代をコーティングせざるをえないという葛藤を感じますね。本当は釈迦の教えそのものなのに、時代の衣をまとっている。

佐々木　道元が釈迦の時代に生まれていたら、最高の仏弟子になっていたはずです。道元の生き方を見ていると、釈迦の生き写しみたいな人、日本に生まれた釈迦だなという気がしています。

古舘　佐々木先生の本を読んで、もっと道元について知りたいと思っていたので、興味深いお話をうかがえました。ちなみに同じ禅宗でも、臨済宗を創始した栄西《えいさい》の人物像は道元とは違いますか?

佐々木　栄西はどちらかと言うと学究肌の人です。中国文化を日本に導入する文化人的な立場の人だったと思いますね。だから栄西の禅宗は、ベースに密教の影響が色濃く残っています。

古舘　禅宗のみならず、日本の仏教には多かれ少なかれ密教の要素が入っている、その理由がよくわかりました。

佐々木　日本には逆の順序で仏教が導入されてきたという点から見れば、いま釈迦の仏教を論じている我々はある意味、日本仏教史の最先端にいるということですよ。だからたぶん、内容が新しすぎて、真面目に聞いてくれる人が少ないんでしょう（笑）。

古舘　僕が仏教を語ると友達が去っていくのは、釈迦の仏教が時代の先を行きすぎているからですね（笑）。そう思うと、やけに自信がついてきましたよ。

「便利」な大乗仏教の世界観――「空」とは何か

古舘　釈迦は自力で悟りを開くことを説いたけれど、大乗仏教になると自分が努力するだけではなく、阿弥陀様が導いてくれるといった、サポートする力が外にあると考えるわけですよね。

佐々木　いわゆる「他力思想」は、大乗仏教の代表的な教えの一つです。

古舘　大乗仏教では、超越的なパワーでこの世は動いているというような、釈迦の仏教にはなかった教えがたくさん生まれてきますよね。たとえば「空」という思想がそうです。

佐々木　本来は輪廻転生を繰り返すことにしか役に立たないはずの業のエネルギーを、大乗仏教では悟りを開くために転用できると考えます。その、本来の因果則の裏側に隠されたシステムが空と呼ばれるものです。

古舘　佐々木先生がそれをポイント制度にたとえていらしたのがわかりやすくて、僭越《せんえつ》ながら、そのたとえを「トーキングブルース」で話してみました。「釈迦の仏教における業の因果則では、ポイント制に裏技がない。一方で大乗仏教では、般若心経の『空』の世界に行けば、ポイント制の隠れた裏技を使って業の因果則を超越して悟りにまで行くことができる」と。そうしたら思いのほかウケたんです。

佐々木　ウケましたか、どうぞ使ってください（笑）。

本来の仏教では、善業であれ悪業であれ、業は輪廻の原動力なのだから良からぬものとされていました。いくら世間の中で善い行ないを続けても、その結果は楽な暮らしができるというだけで、輪廻を止めて涅槃に入るという究極の目的には到達できません。涅槃に入るためには、仏道修行をするしか方法がないと考えるのです。

しかし大乗仏教になると、普通の人が日々の暮らしの中で善い行ないをする場合、業の法則の裏側に隠れたポイント制があることを知っている人に限っては、その善い行ないのポイントを、楽な暮らしのために使うのではなく、涅槃に入るために使うことができるという、独自のアイデアが生み出されるのです。その裏に隠れたポイントシステムのことを「空《くう》」と言うのです。

古舘　つまり大乗仏教の世界で善い行ないを重ねてポイントをためると、涅槃に行ける可能性があるということですね。ロジックは難しいけれど、仕組みを理解したら素晴らしく便利に思えます。本当なら生まれ変わりに使われる業の力を、涅槃するための力に方向転換することができる。この不思議な原理が空と呼ばれるものですね。

佐々木　その方向転換のことを仏教用語で「回向《えこう》」と言います。回すというのは、ターンさせるということ、方向性をチェンジさせるのです。業の力を回向することができるという教えは大乗仏教の重要な特徴の一つです。『般若経』などはその代表ですね。

古舘　『般若経』と言えば、寺で開催している『般若心経』の写経体験が馴染み深いですね。

佐々木　『般若心経』は、数ある般若経典の系統の一つで、『般若経』の教えのエッセンスをコンパクトにまとめたものです。『般若経』ではお経そのものをブッダと捉えて、お経を読んだり書いたりすればそれだけで悟りのための修行になると考えます。

古舘　写経するだけで超越的パワーが救ってくれるということですか。方向転換しすぎじゃないですか。

佐々木　『般若心経』には「このお経は呪文である」と書かれているくらいですから、神秘なくしては成り立ちません。

一方で、たとえば浄土宗や浄土真宗では、『般若経』とは違う形で回向を取り入れています。この世には阿弥陀というありがたい仏様がいて、その仏様が、自分の修行の力を私たちに回向してくださるおかげで、私たちは修行をしなくても仏になることができる。「南無阿弥陀仏と称《とな》えさえすれば、誰もが極楽に往生して成仏できる」と説くわけです。

古舘　修行すら必要なくなるんですよね。浄土宗を開いた法然も、南無阿弥陀仏と称えるだけで極楽に往生できると説いています。「ヘルプミーブッダ」と手を合わせた瞬間に、もう救われているのだと。

親鸞の浄土真宗になると、もっとアレンジされて「サンキューブッダ」になる。すでに我々は極楽に行くことが約束されているのだから、念仏は願うためではなく感謝するために称えるのだ、と言っていますね。

佐々木　法然と親鸞に共通するのは、業の因果則から抜け出して涅槃に入る方法として、外部にある不思議なパワーにすべてを任せる点です。

古舘　因果則を転換して、日常の善行をエネルギーに使うことができるなら、出家して特別な修行をしなくても悟りを開ける。大乗仏教流の智慧だと思うのですが、釈迦の教えではありませんよね。でも、たしか釈迦の仏教にも空という考え方があったはずです。

佐々木　古い経典で、釈迦は「この世のものは空であると見よ」と言っています。しかしそれは大乗仏教が言う空とは本質が違います。釈迦の仏教が言う空とは「諸法無我」の言い換えです。釈迦の教えの大きな柱の一つに「諸法無我」がありましたよね。「私」「私のもの」が「ある」という思いは錯覚であって、この世のどこを探しても「私」という実体などない、という考え方です。確実に存在するのは私をつくっている構成要素だけなのです。

古舘　僕たちは、臓器や骨や肉など部品の集まりをたまたま「人」と呼んでいる。肉体も精神も、分解していけば単なる物質の色や形などの集まりにすぎないという「五蘊《ごうん》」（色＝物質要素、受＝感受作用、想＝構想作用、行＝意志などの心作用、識＝認識）ですね。

佐々木　「五蘊そのものはあるんですか」という質問に対して、釈迦は「ある」と言っています。つまりこの世を構成する要素は実在している。ただ、それが集合体となって作用しているものを、あたかも変わることのない一つの実体であるかのように呼ぶことが間違いなのです。

古舘　まとまって見えているだけで、実際は不変のものではなく、刻々と変化している。だから釈迦の仏教は、この世のものは空であると。つまり我々も含めて、すべて実在しないものと考えなさいと言ったわけですよね。

佐々木　すべて実在しないということは、「人」という存在もない。これを「人《にん》無我」と言います。いまの物理学で考えると、素粒子は当然実在しているけれども、それによって組み合わさってできたものは分子であれ物体であれ、すべては架空のものに名前がついているだけ。実際は構成要素の集まりにすぎないということです。

これに対して、大乗仏教になると「法《ほう》無我」という概念が生まれます。法というのは、その構成要素自体を指します。

古舘　法無我だと構成要素も存在しないことになる。

佐々木　我々が構成要素だと思っているものにも実体がないと考えるのです。じゃあ何があるのかと言うと、言葉で言えないものしかない。つまり法無我は、物事があると思っていること自体が間違いで、すべて錯覚なのだという考え方です。

古舘　実在性がないという解釈を、釈迦の時代からさらに一歩進めたのが大乗仏教の無我ということですね。

佐々木　釈迦は人無我を説いたけれども、法無我は言わなかった。一方、大乗仏教では人無我と法無我の両方を言った。だから、大乗仏教と釈迦の仏教では空のレベルが違うのです。

古舘　もうまったくの別ものになっていますね。たしか、中国の有名な学僧の龍樹《りゅうじゅ》が「大乗仏教の空の思想は、釈迦の教えを否定したものではない」と主張しましたよね。まったく違うものではなく、釈迦の教えの延長線上にあるのだと。

佐々木　空という概念を言語哲学のレベルまで持っていき、大乗仏教の革新的な転換をもたらしたという点では、龍樹の功績は偉大です。ただ、それは極めてレトリカルに、説得力のある形で、本来は違うものを「同じ」だと言っただけなのです。

古舘　ですよね。だって法無我までいったら、釈迦の世界観がすべて虚構ということになってしまう。

佐々木　法無我になると、釈迦が設定した因果関係である縁起も消えてしまうのです。その因果関係の中に、善いことをしたら業の力でどこか良い環境に生まれ変われますという関係が成り立っているわけですから。縁起の定則を否定したからこそ、大乗仏教では回向が可能になるのです。

古舘　回向という方向転換を可能にするために、法無我という概念をつくったということですよね。

佐々木　一般に考えられている業の因果則というのは表向きの理論で、その裏に我々の知らない空という崇高なシステムがある。法無我だからそれが成り立つのであって、人無我のように構成要素が集まって動いているというだけでは、空が成り立たなくなってしまうわけです。

だから大乗仏教では、善業の力を涅槃に入る力へと転換することが可能になると説いた。出家して特別な仏道修行をしなくても、日常の暮らしの中で善い行ないをしていれば、そのまま仏の道に進めるということです。ありがたいでしょう。

古舘　ありがたいですね。自分以外の超越的な存在が涅槃に導いてくれるという、大乗仏教の世界観が少し理解できた気がします。

「極楽浄土」をめぐる誤解

古舘　ほかにも、大乗仏教における重要な概念の一つに「極楽浄土」がありますね。

佐々木　浄土教の教えですね。

古舘　釈迦は現実世界の真理を説いているわけですから、死後の世界は語らない。ところが大乗仏教や世界のほかの宗教を見ても、ほとんどにあの世の設定がありますよね。

宗教に限らずたとえば資本主義でも、経済成長神話という幻想と神話を生きている。そして死んだあとも、天国と呼ぼうが極楽と呼ぼうが、あの世が設定されていれば今度は永遠の魂の成長神話は続きます。それが生きるうえでの不安を少し取り除き、「死んだら向こうで合流しよう、向こうで宴会やろうね」という、死の恐怖を緩和させる効能もある。だから僕は、あの世の設定があることで救われる気持ちもわかるんですよね。

佐々木　極楽浄土はもともと、仏道修行をより円滑にスピーディーに行なえる場所としてつくられた世界です。まず極楽に往生し、それからそこで、自分自身がブッダになるための修行をする、というのが本来の形でした。しかしそれが、次第に「極楽へ往生すること」自体が最終目的とされるようになっていった。「南無阿弥陀仏」と称えることで阿弥陀様が極楽浄土へ連れていってくれるという、他力本願による極楽往生ばかりが強調されるようになったのです。

古舘　「私を極楽に連れてって」。自分で努力しなくても、楽しくてきらびやかな楽園に阿弥陀様がナビゲートしてくれる。たしかに魅力的ですね。大乗仏教が便利な新製品として登場したのも納得できるような気がしてきます。

釈迦の真理だけでは生きられない？　心の二重構造と向き合う

古舘　人びとが大乗仏教に救いを求めるのもわかります。実際に日本でこれだけ長い間普及して、人びとの拠り所になってきたわけですから。

でも、いまや時を経て科学の時代になって、普段は極楽なんかまったく信じていない人が大多数なわけです。にもかかわらず、身近な人や有名人が亡くなるとそのときだけは「今頃あの世で、先に逝《い》ったあの人と楽しく酒を酌《く》み交わしているだろうな」とか言うじゃないですか。期間限定で大乗仏教のファンタジックなあの世を持ち出す。そのときだけ夢想するというのは、すでに信じていない証拠なわけです。菩薩や阿弥陀様がいて、祈れば極楽に行けて素晴らしいという世界を信じられないいまの時代こそ、釈迦の仏教が有意義だと思うのはそこなんです。

佐々木　そのとおりだと思います。ただ、期間限定で極楽を夢想するのも全然おかしな話ではなくて、私たちが自分の心を慰めて穏やかにするための一つのストーリーとしては十分存在意義はあります。問題は、自分自身が人生の岐路に立ったとき、あるいは何か行動を起こすときに、どのような世界観で進む道を決めていくかです。ですから普段の暮らしの中で傷ついた心を癒やすための鎮痛剤としてなら、どれほど空想的な世界を語っても構わないと思います。

古舘　僕は大乗仏教を批判するつもりは毛頭ないのですが、本当の真理は釈迦の仏教にあると信じています。釈迦のファンですから、その仏教に憧れ続けます。

とはいえ、ある意味苦い真理だけでは生きられない現実もあります。死ぬのが怖いし、お金だって儲けたいと思っている。いい歳して欲望全開で、仏教の精髄には到底いたっていません。手を合わせたら菩薩様みたいなスーパーマンが出てきて、救ってくれたらいいな、と考えたり。そこは大乗仏教的なのです。自我が暴走しないようにというレベルで釈迦の仏教を信じているのが現状で、落ち度だらけ、負い目だらけの二重構造の中でバランスをとろうと必死にもがいているわけです。

佐々木　私は文献やお経を読んで理解し、それをもとにして「釈迦の仏教は素晴らしい」と言っていますが、それは要するに理屈です。理屈をとっかかりにして、人が実際に釈迦の示したとおりの生き方を実践したとき、本当の仏教の価値が現れてくるのです。古舘さんはまさに釈迦の教えを実践しようとしているわけですね。

古舘　僕は悩んで右往左往しながら、佐々木先生に修正してもらいながらやっているわけです。釈迦の仏教の中で生きていくことが真理だけど、それだけでは生きられません。

佐々木　どちらか一方でなければならないということ自体が、自我意識の表れではないでしょうか。

古舘　なかやまきんに君のように「おいおい、釈迦いくのかい？　大乗いくのかい？　おい、どっちなんだい？」と、自分という主体が出てきてしまっていますからね（笑）。

佐々木　自分というものを中心に考えるから、正否が出てくるのです。自分がなくなれば、状況に合わせられる。私自身、状況に応じて生きている人間ですから。

古舘　そうですよね。生物学者の福岡伸一先生が「動的平衡」と言っていますよね。生命体を構成している物質やエネルギーはつねに新しいものと入れ替わりながらバランスをとっている。だから刻一刻と生き死にを繰り返している。これも釈迦の仏教に通じます。

佐々木　私は平衡もしていなくて、もう動的に乱れています。でも、乱れていることにまったく違和感もなければ、なんの後ろめたさもない。そんな姿であることに自信と誇りを持って生きていますから。

古舘　僕はまだ、やはり自我が固定観念として強くあるものですから、完全に大乗仏教的な生き方をしている。そのくせ、憧れだけは釈迦の仏教にあるという矛盾に苛まれています。でも、それでいいということですよね。

佐々木　「大乗仏教的」という考え方そのものを手放してしまえばいいと思います。大乗仏教も上座説仏教も、他者がつくった枠組みですからね。実際はそんなものはないのですよ。

古舘　たしかに、考え方の枠組みに縛られすぎているのかもしれません。

佐々木　私も釈迦の教えが真理だと信じているし、その中で生きています。けれども、さまざまな出来事が起こったときに自分自身を一人で支えることができるのは、釈迦の教えとは別の主観的な宗教体験だと思っています。

　人はつねに、自分にとって気持ちのいいものを形にしたがるし、何かにつけて単純化を望みます。違うものが二つあると、一つにまとめたほうがより端正で良いものを手に入れたような気がする。けれども、二つのものが別々にあって、両方ともがその人にとっての真理だとしても全然構わないはずです。

古舘　いやもう、おっしゃるとおり。一本化して、しかもそれを人に自慢できるんじゃないかと思ってしまう。二つの分岐を一つにすることで「俺ブレてないよ、揺らいでないよ」というふうに、自分自身にも語り聞かせられる。そんなことを必死にやっている自分の浅ましさみたいなものを感じます。でも、揺らいでいていいのですね。

佐々木　全然問題ありません。人は、一つの信念を貫く生き方が良い人生だなんて思い込んでしまうのです。でも、紆余曲折してグネグネの人生だっていいのですよ。

古舘　信念がブレないことが人間として高潔なのだという自我が生み出した幻想ですね。

佐々木　そうだと思います。釈迦は「自我を捨てよ」と言っているわけですから、本当に革命的な教えです。我々が本能的に昔から正しいと信じてきた「一本化した私」というものはない、むしろブレない自分を求めるところにこそ苦しみがあると。この点が非常に大事なのです。

古舘　でも、やはり僕なんかのレベルだと難しいと感じます。理屈ではわかったと思い込んでいるくせに、どうしても一本化に走ろうとするわけですから。

釈迦の真理がすごすぎるから感動して、それでいて真理に一本化できない自分がいる。だからなんとか折り合いをつけて、このあたりに真実があるんだと妥協を図ろうとする。ずるい人間だと自分でも思います。

佐々木　ずるくはないでしょう。だから、釈迦の教えを自分の中で一〇〇％にする必要はないのです。釈迦の教え五〇％で生きていってもいいのです。

古舘　僕がひたすら釈迦の仏教に憧れ続けるのは、そのような生き方ができないことの裏返しです。だから僕は、佐々木先生という実存する仏陀像を通して、釈迦を推していく。この二重構造を勝手につくり上げているわけです。

人は見えないものを物質化現象で見るのが好きです。釈迦が神の化身として現れたとか、仏像を拝むとか。目に見える対象を通してしか信じられない生き物だと思うのです。

でも釈迦は、縁起の法則という理論的な考え方によって、この世のエネルギー循環の真理を説いてくれる。

佐々木　目に見えない法則に手を合わすわけにはいかないから、人は拝む対象を求めるのでしょうね。初期仏教のお経である『阿含経《あごんきょう》』に、「法を見るものは仏を見る」と書いてあります。法を見るとは、真理を見ることです。釈迦は「法を見よ」と言っていたのに、大乗仏教では「仏像を見る」に変わった。

つまり、目に見える形のあるものでないと信じられなくなってしまったのです。でもそれで救われる人がいるのなら、大乗仏教も真っ当な宗教ですよ。

古舘　釈迦の仏教が形を変えて変遷することは、僕も諸行無常として受け入れられます。ただ、もう釈迦の真理にふれてしまったから、大乗仏教一本にはなれないです。

佐々木　私も既製品としての大乗仏教に戻ることはないですよ。自分が考えたのではない他人の世界観ですから。昔のインドの誰かが考えたものを、集団で皆が信じているという虚構の世界だから、そこに戻ることはないでしょう。

ただし、個人的な宗教体験によってその人が自分で信じるようになった宗教観を、釈迦の仏教と両立して持つことはありえます。もし個人的な宗教観を「大乗仏教」と呼ぶのならば、当然大乗仏教に向かうこともありうるわけです。それは、個人の宗教体験によるでしょうね。

古舘　僕だって、本来は釈迦の教えに近いのに大乗仏教の潮流に乗るという意味で、もしかしたら「リトル道元」になるかもしれません。

死はいけないことか？

古舘　大乗仏教に限りませんけど、現代の社会通念では「しゃにむに生きることは良いことだ」という幻想が入っている気がします。キリスト教も含めて、世界的宗教の多くがそのように説いていますね。

でも生きることを賛美して、苦しみから目をそらして生きようとすると、必ずどこかで現実との乖離《かいり》が生まれる。そして生に絶望して、何も信じられなくなる。現代社会はそういう悪循環に陥っている人が多いと感じます。

やや絶望的に聞こえるかもしれませんが、だからこそ釈迦が一貫して説いている、生きることには苦しみしかないという「一切皆苦」の考えが、とりわけ人生後半を迎える現代人にとって心の拠り所になりうるのではないでしょうか。

佐々木　どちらか一方が正しいということではなく、「生きることも素晴らしいし、死んでいることも素晴らしい」という客観的な価値判断が必要です。なのに、生きている人間だけが自分たちの仲間褒めで「生きていることは素晴らしい」と言っている。これは、外から見ると非常に滑稽で傲慢で愚かな姿ですよね。

古舘　だから、お葬式で生前の元気だった頃の映像を流し続けられると、つらくなってくるのです。失礼な話になりますが、死んでもなお生きさせようとしているように思えてしまって、どうしていいかわからなくなります。

佐々木　もちろん故人を偲《しの》ぶ縁《よすが》にしたいという気持ちはわかりますが、その根底には「生前はこんなに立派だったのに死んでしまったんだなぁ」という、悪い結果になったイメージですね。

古舘　僕は釈迦の仏教にふれて、その教えが真理だと思っています。そして、釈迦は生きることを否定していたわけではないこともわかっています。ただ、生きることよりもっと安寧があり、それが涅槃寂静であると説いているにすぎないのだと。

でも、これが極端に走る僕の煩悩だけど、釈迦の教えを捻《ね》じ曲げて「生きているよりも死んだほうが楽」という極論にいってしまう。意識が暴走して、「死んだほうがマシ」と考えてしまうのです。僕の曲解は間違っていますよね。

佐々木　間違いとも言えないけれども、そこまで考えなくても我々は平穏に生きられますよ。死ぬことはちっとも嫌なことではないし、つらいことでもない、私もそう思っています。

でも、だからといって、生きている状態を悪いものとして断ち切る必要もないということです。生きることもいいし、死ぬこともいいということだから。

古舘　仏教で言う「生死一如《しょうじいちにょ》」ですね。生きるということは、いつか死ぬということ。死ぬということは、それまで生きているということ。だから生と死は表裏一体で、切り離すことができませんね。生と死はどちらも同じ、そう思えばいいのか。

佐々木　私たちが「生きている」と思っている時間は、じつは「死につつある」時間です。ですから、生きていることはすなわち死です。「生きている時間」が「死んでいる時間」であり、実際に死ぬ瞬間というのは、その死の苦しみから解放される瞬間なのです。

私たちは死ぬときに「死の苦しみ」から解放されるのだということがわかれば、死を恐れる気持ちがなくなります。永遠の消滅こそが究極の安楽だとわかって生きている人は、死と向き合いながらも安楽に生きることができます。

古舘　なるほど、やっとつながってきました。生と死を分けて、どちらか一方を否定するべきではないということですね。釈迦の教えは本当に客観的で中道です。僕も原理主義みたいな極論を嫌っているはずなのに、生きる苦しみを考え出すと「死んだほうがマシ」というふうに優劣をつけてしまう。

佐々木　あくまでも私なりの説明ですけどね。

古舘　僕も佐々木先生みたいにやわらかく説明できたら、みんなから嫌な顔されないだろうな。「生死一如だから、赤ちゃんが生まれた瞬間から葬式の準備しろってことなんだ」みたいに勢いで言ってしまう。「バースデーケーキでフーッとか言ってる場合じゃない」なんて熱弁を振るうから、周りにわかってもらえないし、聞かされる側はせせら笑って去っていくんですね。やっぱり、釈迦の仏教から中退しないとダメかな。

自我を捨てれば死は怖くない

古舘　僕はいまでこそ釈迦の仏教の論理的な世界観を支持していますけど、昔は超越的な存在に手を合わせることがありました。

二十五歳の局アナ時代、仕事の付き合いで遅くなって、深夜三時頃に首都高速を車で走っていました。大雨だしイライラして早く帰りたいものだから、制限時速ギリギリで走っていました。するとカーブに入ったところで、ハイドロプレーニング現象ってやつです。道路上の水とタイヤの間に水の膜ができて、ブレーキもアクセルも全然利かない。ガーッとスピンして、これは死ぬなと思いました。

それこそ走馬灯のように幼少期が脳裏に浮かんできたしね。隣車線の人を巻き込んで死んでいくのは嫌だなとか考えながら、ふと気づいたらなんの接触もなく車が静かに止まっていたのです。エンスト状態で。たまたま両脇の車線に車がいなかったようで無傷でした。そのとき、思わず手を合わせて「神様ありがとうございます」と心から感謝しました。

そのあと調べたら、ボクシングの世界チャンピオンだった大場政夫さんが六年前に、同じカーブのところで亡くなっていたのです。車で突っ込んで即死です。僕は生き残ったわけですよね。僕が守られたなんてたまたまなのに、人が死んだことはお構いなしで、大場さんに対して「あなたは神に選ばれなかったのか」という気持ち。いまは釈迦の仏教にふれていますから、そんな自分がすごく恥ずかしくて。

佐々木　全然恥ずかしくないと思います。古舘さんは守られたのでしょう。そのことは大場さんの死とは関係のないことです。大場さんは亡くなったけれども、古舘さんは死ななかった。それぞれがそれぞれの状態になったというだけのことで、そこに優劣も幸不幸もありません。

古舘　それこそ、生死一如か。

佐々木　そうです。私たちはいつも、死者を差別し、生きている人間ばかりを贔屓《ひいき》にして「生きていることは良いことだ」と言う。これは生きている人間だけが言う言葉で、死んだ人の側から見たらお笑い種《ぐさ》ですよ。大場さんには大場さんの道があったし、古舘さんには古舘さんの道がある。それだけの話だと思いますよ。

古舘　生きることも死ぬことも同じだと理解したつもりなのに、生き残って良かったとか言ってしまう。生きていることだけが良いという考えが、人生のフライパンの底にこびりついています。

佐々木　「生きていることこそが素晴らしい」というのは、自我の極致です。自我が極限まで肥大していると、「死んでいるよりも生きているほうが良いんだ。なぜならば、私は生きているから」と思わせるのです。

古舘　生きていることが良いんだという固定観念が抜けないから、同じ場所で自分が死ななかった安心感から「生きている私に比べてあの亡くなった人はかわいそうだ」なんて思うわけですよね。

だけど一方で、同じように若くしてレース中の大クラッシュ事故で死んだ天才F1ドライバーのアイルトン・セナがいます。僕はテレビでF1の実況もやっていたから、セナの功績はよく知っていました。

ですから当時は、セナは今生《こんじょう》をやり遂げたから早めに卒業したんだと思いましたね。どれだけ長く生きたかがすべてじゃない、どれだけ「ときめいたか」が重要であって、セナは人生を全うしたのだと。死ぬことを肯定的に捉えていました。なのに、天才ボクサーが死んだ場所で自分が無傷だったときは「生きていて良かった」なんて、自我ってとてつもない。

佐々木　大場さんの事故のほうは、その同じ場所で古舘さんも事故を起こしたという点で古舘さんの自我と直接関係していますから。セナさんの事故では、古舘さんは関係していませんよね。だから他者の目線で考えている。

古舘　他者として描写しているから、「非業の死を遂げたんだ」と思えるのでしょう。でも、自分が絡むとそうは思えない。

佐々木　自分と比較しますからね。

古舘　もし自分がセナと同じ場所で大クラッシュしていれば、「セナ、かわいそう」って言うでしょうね。自分は守られたのだと。

佐々木　守られたと感じることで、守られなかった人に対する優越感が生まれます。それが他者との比較による幸福感を生みます。そういった自己中心の姿勢を正して、「生きていることは良いことであり、死んでいることはダメなことだ」という間違った見方が是正されれば、最も深刻な苦しみである「死の苦しみ」から我々は解放されますよ。

古舘　そうですよね。自我を低下させなくてはいけませんね。佐々木先生との会話を通して、自分のエゴがあぶり出されてきて、心のレントゲン写真を見ている感じです。

老いてこそ、釈迦の教えが身に沁みてわかる

古舘　生と死は紙一重で、いま我々はまさに死につつある時間を過ごしています。僕も歳とともに老いとか病気が身近になってきて、釈迦が言った「老・病・死」という人生の苦しみを実感しています。

佐々木　歳を重ねることの利点は、体験として一切皆苦が身に沁みてわかることです。病気になったことがない人は、いくら病人を見舞っても、その人の苦しみはわかりません。体験した人だけが病人の苦しみを理解できるし、老いの苦しみは歳をとった人だけがわかります。

自分がその道を実際に歩んだことが、同じ道を進んだ人への共感になりますから。生きることが苦の上に成り立っていることもしみじみ感じます。だから歳をとればとるほど、仏教の教えへの理解が深まるはずです。

古舘　釈迦の教えを実感とともに理解できるから、老いの苦しみを軽減していけるわけです

ね。そう考えると、悟りへの唯一の道は老いることかもしれない。

佐々木　歳をとるのは素晴らしいことですよ。理解力が深まって、智慧深い人間になっていくのですから。

古舘　でも歳を重ねると言っても、長ければ良いというものではないと思います。それぞれ個性があって因果があるはずなのに、平均寿命とか、しまいには「人生百年時代」とか言って、あたかも無個性のように区切りますよね。平均寿命より若くして亡くなったら、「この人かわいそう」となる。

佐々木　そして平均寿命を超えると「大往生で良かったね」と肯定する。

古舘　「良い死に際だったね」と言ったりね。若々しく長生きすることが良いというのが常識になっているから、アンチエイジングとか言って老いに抵抗するんですよ。あっ、いまの全部僕のことです。

佐々木　生きている状態から死の状態に移行することが良くないことであるかのように言いますよね。そして生と死の境目にばかり注目して、それで人を判断しようとする。死に際の様子が、その人の価値を表すかのように考えるのです。我々はどうしても死に際というものを過大評価する。良い人生を送ったからいい死に方をするというふうに。

しかし人の死に方は、その人の価値とはなんの関係もないわけで、どのような因果関係でそのような死に方になったのかなんて誰にもわかりませんよ。死に方で人生を評価しようという考え方自体が大間違いなのです。

古舘　たとえば、必死になってアンチエイジングを心がけている自分を客観視すると、何をもがいてるんだろうと思える。釈迦の仏教にふれていれば、そんなふうにふっと自我から離れることができるのです。

「死ぬことをなぜいまさら怖がっているんだろう」と自問自答できる。だから、釈迦の仏教にいままでふれてこなかった人にとっては、良い薬になるはずです。せめて釈迦の教えをトクホとか機能性表示食品にすべきです。死ぬ恐怖がゼロにはならないとはいえ、緩やかな気持ちになるのです。

佐々木　欲望もあれば恐怖もある、わかりますよ。

古舘　それでも釈迦の仏教にふれていることで、自我にブレーキをかけられているんです。アンチエイジングしたいという欲望もあるけれど、「ほどほどにしとけよ」と自制できる。ちっちゃいブレーキで、アクセルが時折強めになりますが。僕にもブレーキができたんだという喜びを感じられるのは釈迦のおかげ、佐々木先生のおかげです。

佐々木　私は、いま生きていることはとても幸せです。妻がいて、子どももいるし、孫もできました。人生に何ひとつ不幸や不満はないけれど、それを手放すのが怖いとは思わない。死んだらすべて失われるけれども、生になんの執着もありませんよ。いまとても幸せだし、死につつあることも幸せだと思っています。

古舘　すごい、その境地に達したいなぁ。いま佐々木先生がおっしゃったのは「四苦八苦」の一つ、愛する人と別れる苦しみであるという「愛別離苦」ですね。これも、佐々木先生および釈迦の仏教から学ばせてもらいました。

僕にも孫が四人いて、目に入れても痛くないほど可愛いと思っています。でも、「自分の孫だから可愛い」の中から「自分」という自我を取り除いていけば、死んで離れることは怖くない。孫は孫、子どもは子どもでしかないのだと。それに気づいたら、離れたくないという執着が減りました。諸法無我になっているから、「ハイさようなら」ってできるのです。

佐々木　そりゃそうですよ。孫のことを可愛いと思っているのは自分であって、孫はそんなこと思っていませんから……（笑）。

古舘　全然思っていないですよ。

佐々木　孫が可愛いという感情を自分がプツッと切ってしまえば、可愛いという思いはあるけれど、いつまでもそれを手に入れておきたいという気持ちは起こらない。

古舘　そうですよね。なんだかインチキ野郎みたいなセリフになりますが、釈迦の仏教を知れば苦しみがどんどん取れますよ。この世の真理にふれて、「なーんだ、そんな摂理なのか」となりますから。

佐々木　苦しみが低下する傾向にあるのは間違いないと思います。

古舘　自分が置かれている状況は大したことがないと思うこともできる。恋愛だってそうですよ。自分がこんなに想っているのに、向こうはそんなに想っていないとか。自分と相手の感情は関係ないですからね。

佐々木　自分だけの世界をつくっているのですよ。

古舘　虚構の物語ですよね。釈迦の仏教にふれていると、いろいろなことが虚構だとわかって面白いのです。

佐々木　私はもう、「死ぬのが怖いです」と言う人の気持ちがよくわからなくなってきています。なぜ怖いのか理解できない。

古舘　死ぬにしても、安らかに死ねないのは怖くないですか。

佐々木　もちろん、死に際はどう思うかわかりませんよ。痛いのは嫌ですけどね。物理的な苦痛はやはり嫌なものです。穏やかに死ねるならそれに越したことはありません。でも、「この人生が死によって終わるのだ」という思いには何の恐怖も感じなくなっています。

古舘　先ほど佐々木先生がおっしゃたように、最期の生きる苦しみを解放させてくれるのが死だと、そういうふうに考えることが大事ですよね。生か死か、善いか悪いか、という二元論ではなく、まず真理を知ることから始めて、それを自分なりの指標にすればいいだけのことなのでしょうね。

第四章　仏教と現代社会問題編

古舘伊知郎×佐々木 閑

仏教とマインドフルネス――日本と欧米の宗教観の違い

古舘　欧米で昨今、瞑想などによっていま起こっていることに集中する「マインドフルネス」が広く取り入れられていますよね。心身、社会生活のすべてを満たすためにウェルビーイングを実践したり、企業が人材開発プログラムに導入したりと、日本でも注目されています。

マインドフルネスの素晴らしさを僕はよくわかっていませんから、つねに前向きであり続けようとすることの不自然さというか、同じ系統とも言える禅の教えを含めて偏見を持っています。マインドフルネスの定着ぶりを見ていると不思議な気持ちになるのですが、佐々木先生はどのような見方をされていますか？

佐々木　マインドフルネスはもともと仏教的な概念で、いわゆる念仏の「念」からきています。念じるとは、ある特定の状況やイメージを忘れないように、つねに念頭に置き続けるという意味です。だから本当は、「南無阿弥陀仏」と口に出して称えることを念仏とは言わないのです。

古舘　そうか、念じるとは「頭の中でブッダをイメージする」ということか。みんな「称える」ものだと誤解していますね。

佐々木　そうです。つねにブッダの姿を思い続けて、念じていなければいけない。口に出して称えることは、名を称えるという別の意味なので、「称名念仏《しょうみょうねんぶつ》」という特別な言い方をします。

だからマインドフルネスは、「自己の正しいあり方を念頭に置き続ける」という訓練のためのスキルです。目的でもないし、真理でもありません。坐禅がスキルであるのと同じです。

古舘　作法と言ってもいいですね。

佐々木　マインドフルネスはあくまでも手段ですから、何を念ずるかは限定しません。仏教の場合は、「苦集滅道《くじゅうめつどう》」「諸行無常」「諸法無我」といった仏教の真理を念じ続けるのがマインドフルネスということになります。

しかし、西洋経由で日本に入ってくるマインドフルネスは、真理をすべて置きっぱなしにして、ただ単に念ずるスキルばかりを重視するわけです。そして、いまの社会が求めるのは前向きに生きること。その風潮に合わせて生きる意欲を念じることがマインドフルネスだということになっています。念じるというスキルは仏教とつながっているのですが、原理は違うのです。

だから人によって、教えによって、あるいは系統によって、言うことが皆バラバラです。マインドフルネスという特定の生き方があるのではなく、「マインドフルネスを使って私は何をすべきか?」と、自問するのが本来の意味です。何を念ずるかは人それぞれというわけです。それがマインドフルネスの曖昧さの原因になっていて、不自然さを感じさせるのでしょう。

古舘　より良く生きるスキルのはずなのに、悩みの底にいってしまった人がいるような気がします。

佐々木　「生きることは素晴らしいことだから、積極的に生きることばっかり考えなさい」と言って、それでむしろつらい目に遭《あ》っている人がたくさんいると思いますよ。

古舘　生きる意欲を全面肯定していますからね。では、海外でウケているのはどうしてだと思われますか。

佐々木　マインドフルネスは、スリランカやタイなどの南方仏教が欧米に広まったときに、医療関係の人たちがその教えの中から精神医療に役立つものを見つけたと言われています。

そして、仏教との関係性を切って、現代医学における精神医療の一つとして位置づけたものです。だから、仏教と縁があるとは知らずに、独立した一つの精神医療だと思い込んでいる人もけっこういます。

古舘　「いつも前向きで、リラックス状態の脳がアルファ波を出しています」「いつも心が落ち着いているから、イキイキと生きています」といったポジティブを目指すと、落ち込むことを許さなくなるように思うのですが。

佐々木　あくまでもスキルですから、誰がどう使うかによって効果や方向性が全然違ってきます。だからマインドフルネスには、まだまだ不十分な点がいっぱいあって、原理的にきちんとした説明と考察が必要な分野です。

古舘　さらに怪しい自己啓発や宗教になると、「この世はバラ色だ」とか、「最高の幸せを引き寄せることができる」なんてことを謳って、その嘘臭いスキルでお金くれとか言い出しますから。ちゃんちゃらおかしいなって思うんですよね。そこはマインドフルネスのほうが断然良いと思いますけど、やっぱり「生きることは苦しい」という釈迦の真理を知ったうえで、スキルを生かしたほうがいいですよね。

組織の「我」が強くなっている

古舘　いまの時代の会社組織は基本的に、利便性や合理性をもって成り立っています。ただ、会社が存在していると皆思っているけれど、本当は実体として存在していない。皆の頭の中だけにあるという真実。会社を構成している要素として人間が存在しているということ。

どういうことかと言うと、会社を構成する壁や机は物質としてふれることができるけれど、会社自体にふれることはできない。でも会社を構成している従業員や株主をはじめ、たくさんの人員がまず存在しているんです。

佐々木　架空の法人格のようなものを個性だと錯覚しているから、企業として成長していくことが主眼になって組織の「我」が強くなっています。じつは組織自体は重要ではなくて、そこにいる個々の人が成長できるかどうかが組織の存在価値なのです。

古舘　社会人は組織の価値観で一律に評価されるなかで、出世競争に負けまいと苦しんでいるように思います。組織の我に惑わされず、自立して生きなければいけませんね。

佐々木　人それぞれ目標も違えば、そこに到達するための道筋も違いますから、比べても仕方がありません。そういう意味では、釈迦が確立したサンガのシステムは非常に優れています。組織は個人を入れておく器として存在するだけですから、集団をまとめるリーダーを設定しません。だからつまらない身内意識も、メンバー間の権力的な上下関係もない。全体が横並びにつながっているだけのネットワーク方式です。

この方式は、競争社会の中で組織の勢力範囲を拡大し、他の組織を打ち負かすためには役立たないのですが、組織の持続可能性を保持し、長く維持し続けていくには絶大な力を発揮します。その実例が、二五〇〇年もの間続いている仏教サンガなのです。

釈迦の仏教はデジタルデトックス

古舘　現代の権力構造のヒエラルキーは、いわば人間の脳内でつくり上げたものです。インターネットの台頭で情報化が進み、いまや組織はトップに立つものも見えない状態になっています。

情報化社会もここまできたら、実体のない組織自体に疑念を持つ人が増えてくるわけです。「本当の組織とは何か」という疑問に、サンガのシステムや精神は一つの答えになるはずです。釈迦の仏教には、現代だからこそ光る教えがありますね。

佐々木　まったく同感です。釈迦の仏教は二十一世紀になってますます意義深いものになってきたように思います。

古舘　情報化社会の現代は、SNSによって情報が一瀉千里《いっしゃせんり》の勢いで広がっています。その情報で幸せになれる人はおらず、むしろ国家に情報を盗み取られながら、ビッグデータに支配され、IoT（モノのインターネット）やAIといった先端技術を使ったスマートシティなどを推進している。まさしくデジタルデータ至上主義です。

解剖学者の養老孟司先生は、いまの社会は情報が優先し、身体性がないがしろにされてしまう「脳化社会」だと指摘しています。デジタルデータが神になっていますよね。

典型がスマートフォンです。僕の趣味嗜好がデータとなって蓄積され、乗り移ったかのように僕より僕になっていますから、手もとにないと命を失うかのようにオロオロし始めます。そんなふうに主客転倒しているわけですよ。釈迦の仏教がなかったら、精神のバランスが取れなくて物質世界に溶かされていきそうです。

佐々木　デジタルデータは、釈迦の仏教で言う業（カルマ）ですね。幸せにつながると思っているデータが、じつは我々の苦しみのもとだと気づいたのが釈迦でした。「データ社会の洪水に流されるな」という現代的訓戒は、「輪廻から逃れて涅槃に入れ」というブッダの教えと、根本は同じなのです。

古舘　釈迦の仏教は「デジタルデトックス」の極みですよ。いま僕がスマートフォンから逃れたいという思いは、すべて釈迦の真理につながっている。デジタルデバイスで過剰に分泌させられる興奮ホルモンを断食する「ドーパミン・ファスティング」も、情報ノイズ社会に生きる我々に必要ですよね。

佐々木　デジタルデータはボタン一つで簡単に消去できるように思われがちですが、じつはあらゆるところに痕跡が残ります。

たとえばドライブレコーダーや防犯カメラ、駅の改札などでは顔認証も導入され始めました。いまでは言葉の検索だけでなく、人の顔や動きなど、さまざまな情報で検索が可能になりつつあります。つまり「自分の全行動がいつもどこかで見張られている」ことを意味します。こうした情報を完全に消すにはエネルギーが必要というのが、業の原理と同じなのです。

古舘　業は言い換えれば「デジタルタトゥー」ですね。一度インターネット上に拡散された情報は、刺青《いれずみ》のように半永久的に残り続けますから。

佐々木　いまはまだ、多くの人がデジタルの息苦しさをそこまで感じていないかもしれません。むしろデジタルによって幸福になれる、自分の幸福はデジタルの世界の中で形づくられると思い込んでいる。でも、デジタル社会は自分を縛る枷《かせ》だと思い至った瞬間から、そこに身を置くことが苦しみとなり、そこからの脱出を願うようになる。それが、輪廻から逃れたいという釈迦の動機と重なります。

古舘　情報が入っても、すぐに忘れたふりをして、また新しい情報を入れる。この繰り返しでどんどん新しい情報が入ってきて、脳内がデジタルタトゥーだらけになっていくわけですよね。

仏教と科学はともに真理を探究する

古舘　いま学術的な分野でも、仏教と科学の共通点が指摘されています。佐々木先生と、宇宙物理学者の大栗博司《おおぐりひろし》先生が対談した『真理の探究』（幻冬舎新書）を僕なりに熟読して、仏教と科学のことを少しずつ勉強しています。

佐々木　釈迦の仏教と科学との共通点は、人間が本来持っている錯覚を智慧の力で取り除き、世界の本当の姿を見ていこうとする、その基本姿勢にあります。

釈迦の仏教の第一の目的は、「この世には『私』という実体が存在し、その『私』を中心として認識世界が成り立っている」という思いを消し去ることです。なぜなら、そのような思いこそが生きる苦しみの元凶だからです。このように自分を宇宙の中心に置く世界観は、科学で言う「天動説」にも相当するでしょう。夜空を見上げれば、地球を中心に無数の天体が回転しているように見えます。科学はこの思い込みを観察によって消し去り、「地動説」に到達しました。

古舘　釈迦は、宇宙とは人間の脳がつくりだす意識の動きであると言い、その意識から生まれる間違った世界観を是正せよと説いた。つまり釈迦は、内的世界で真理を探究したのですね。そして、自然の法則や摂理の謎といった、外側の世界を探究するのが科学。数学や哲学もそうですよね。

佐々木　今後さらに科学が進展していけば、釈迦の教えが実証され、この世の本当の姿が見えてくるように思います。

古舘　科学が人間の心（意識）の解明に着手したとき、釈迦の教えがもっと鮮明に見えると思います。僕の解釈が間違っていたら正してください。たとえば、弟子が「自分の存在や一個体とは何なのか」と質問したとします。すると、釈迦は「虚構だ」と答える。これを今風に言えば、脳内で立ち上げている自分の存在や自我はフェイクだ、ということになる。

じゃあ「ここに私として存在するのは何ですか」と言えば、それは五蘊ですよね。「私」という存在はなく、構成要素の集合体でしかないと釈迦は言った。これは、人間は三七兆個の細胞でできていて、一細胞あたり六〇億とも言われる遺伝情報の流れが自分を形づくっているベースになっているとか、いまの科学的認識が何もない段階で釈迦は同じことを言っているような気がします。

佐々木　原理はまったく同じです。「私って何？」と聞かれたとき、「私という実体は間違いなくある」と考える人ならこう答えるでしょう。「ここに私というものがあり、それはこの肉体の中に、肉体とは別個に存在している。それは不変の存在であり、一時間経とうが一〇〇年経とうが同じ私としてあり続ける。それこそが私なのです」と。しかし仏教の場合にはそんなものはどこにもないのです。複数の構成要素が集まって作用している状態があるだけです。集まったものがあたかも一つの単体であるかのように働いている状態を「私」と呼んでいるだけなのであって、そこに実体としての「私」など存在しないのです。

けれど、人はどうしても自分というものを独立した存在として見なしたい欲望がありま す。その本能的な欲望を捨てることが仏教の本質なのです。

一方、現代の科学は観察や実験や理論の積み重ねによって、新たな事実やいままでと違う理論が見つかるたびに、否応なく既存の世界観を放棄し、新たな世界観を構築してきました。正しく世の中を見ようとして努力することで、それまでの誤った世界観のどこが誤っているかをはっきり自覚できるようになるのです。仏教も科学も、誤った思い込みを是正して、世界を正しく見ようというのですから、そこにこそ科学と仏教の共通点があるのです。

古舘　昔は、人びとが宇宙の仕組みをかけらも認識していなかっただけで、法則は大昔からいまと変わらないように、釈迦の悟った真理も不変だという解釈でいいんですよね。

佐々木　そうです。仏教が言う真理というのは、いわゆる宇宙法則ですから、釈迦がいようがいまいが関係なく宇宙は諸行無常、諸法無我という法則性で動いています。ですから、時々ブッダと呼ばれる真理の発見者がこの世に現れ出て、その法則を発見し、人びとに教える、という現象の繰り返しがずっと続くだけの話です。

世界は滅びと生成を繰り返しますが、その繰り返しのどこかのタイミングでアインシュタインのような人物が出てきて相対性理論を見つける。でも、人類が滅びれば、「この世は相対性理論で動いている」という知識もまた失われる。するとまた、遠い未来に別のアインシュタインのような人が現れ、再び相対性理論を発見して皆に教えてくれる。こういったことが延々と続くのですが、相対性理論自体は何も変わらず、どの時代にもつねに宇宙を支配し続けているということです。

自己保存が自我意識をつくる

古舘　僕が昔読んだ仏教の本に、柳に風がそよぐと「良い風情だな」と思うことを釈迦はダメと言ったという話がありました。柳を見た瞬間に「風情を見たい」と願い、それが「風よ、吹いてくれ」と広がって、やがて煩悩がふくらんで思いどおりにはならず、苦が生じる。だから、柳は柳、風は風と、はっきり割り切って冷静に見るべきだという教えです。

でも僕は、本能的に人情として、風と柳をミックスしたい。そんなとき佐々木先生に、「人は自己保存の本能を持って生まれてきてしまったから、釈迦はそこからうまく離れる一つのメソッドを言ったのであって、自己保存の本能はあって当たり前ですよ」と語っていただいて、まさに風が吹いて僕は柳のようにしなったのです（笑）。

それでも、もっと佐々木先生に質問したいという欲望が渦巻いているので聞かせてください。なぜ人間は自己保存の本能を持ったのでしょうか。

佐々木　自己保存の本能は人間に限らず、最初の生命体からあります。原初の生命がどういう形態であったかはまだ解明されていませんが、間違いなく自己保存能力を持っていたはずです。単細胞生物を考えてみますと、細胞は細胞膜に包まれており、その内側が自分で、膜の外側はその細胞をやっつけようと襲いかかってくる他者です。生物は、細胞膜という境界線の内側の自分を守らなければなりません。

そういう意味で生命体は、生まれたときから「我という現象」を持っているのです。最初はただ機械的な作用だったのが、細胞が増えて多細胞生物となり、脳が発達してくると、脳内に網の目のように張り巡らされているニューロンという神経細胞がどんどん増加して、細胞や組織への情報を伝達するネットワークが強くなります。それによって、「私という存在を守っている私」という不思議な自我意識が出てきました。それこそが「ヒト」という生物種が持つ独自の特性です。

古舘　犬も猫も喜怒哀楽はありますが、「私は犬だよね」と自我を認識しているかを立証することは難しいでしょうね。

佐々木　人間は強烈な自我意識が芽生えたせいで、たとえば、自分と他者が違った意見を持っているとわかると、どうしても他者の心をコントロールして自分の思いを押しつけたいと願うようになる。自分の心が他人の心をやっつけた、征服した、という優越感がそのまま幸福感になるのです。こういった強固な自我意識が間違った判断を引き起こし、結果的に自分自身の苦しみとなって戻ってくる。その繰り返しになるわけです。

古舘　なぜ人間は自己保存の本能で自我を持って生き延びていくようになったのか、釈迦は説明していないのでしょうか。「自我から逃れよ」とだけ言ったのですか。

佐々木　そうです。ただ、面白いのは、仏教はすべての生命体がつながっているという世界観において科学の進化論と共通している点です。

これは、キリスト教やイスラム教で説かれる「万物は神が創造した」という創造論では成り立ちません。釈迦はもちろん進化論など知りもしなかったと思いますが、すべての生命体が輪廻という世界観を通じて同じ次元に並んでいるという点ですべての生命を同じレベルで見ていました。そのため、すべての生命体が自己保存の本能を持つのは当たり前だという意識があったのです。

古舘　そうか。だから、猿から猿人、原人という、ある種の輪廻と言ってもいいような進化論と似ているのですね。輪廻・生まれ変わりと言うと、自分の魂に前世や今世や来世があるみたいな話になっちゃうけど、仏教で言う生まれ変わりは自分じゃありません。だって自我はないのですから。バクテリアから始まって、猿から人間に生まれ変わっていったということ。

佐々木　そう、輪廻と進化論はある種対応しています。だから仏教では、我々の心の中には牛や馬と同じものが入っているにすぎないと考えるわけです。人間だけが特別に選ばれた生物だという思いはどこにもないのです。

古舘　たまたま自己保存の本能を有したという認識を持つだけですね。自分を守ろうという本能によって、よりよく生きたいという意識ができている。だから人一倍自分を守ろうとすると、エゴイスティックに他者を叩きのめしてでも生き延びていこうとする。やっぱり、自我を低下させていくことに尽きますね。

資本主義での不幸は、仏教では最高の幸せ

古舘　資本主義はキリスト教とすごく相性が良いですよね。富を多く蓄財して、金儲けした

からって地獄に落ちるわけじゃない。教会に行って神と契約を結んで帰依すれば、天国行きを許可してくれる。

だから、生きているうちは自由にやっていいという解釈が生まれるのでしょう。神に判断を委ねると、自責から逃れられるからすごく楽ですよね。

佐々木 資本主義のイデオロギーは「人間の幸せは、いまより快適で豊かな世界を手に入れることにある」という理想を掲げ、努力してそれを手に入れようとします。キリスト教などと同じく、「先行きの願望を叶えることを目的とした宗教」の仲間と言えます。

古舘 でも、現在の資本主義経済は、自由競争によってコストはより安く、より良い製品やより質の高いサービスが求められるなど、需要と供給のバランス面で限界に近づいていると思います。いくら生産性を上げると言っても、ＡＩが全部やるだろって話です。経済も行き詰まって、希望の持てない社会になりつつあるのが現状です。

そう考えると、資本主義の理念よりも、いまこそ釈迦の仏教の教えが世の中を救うのではないでしょうか。

佐々木 釈迦の仏教は欲望を消滅させた先に安寧が存在すると考えますから、資本主義やキリスト教とは、目指す方向がまったく逆です。釈迦は「真の幸福は、欲望を持たない状態でしか実現しない。欲望を消滅させるためには、自分の価値観を変えていくことが重要なのだ」と説いていますから、仏教の力で世の中を変えようなどとは考えませんでした。仏教に世の中を変える力などないのです。

資本主義の理念で生きている人たちは、欲望を追求することを当然のことと思って生きているわけですから、資本主義の世界に身を置いていても少しも苦しくはないのです。そして、その資本主義の理念に沿わない人、落ちこぼれてしまった人たちを救うのが釈迦の仏教です。

古舘　釈迦の仏教は、苦行をやめてお布施だけで生活しようというのですから、資本主義と相性が悪いですよね。資本主義を信じる人から見れば「仏教は怠け者の教えなんですよ」「金がないから路上で寝ているんですよ」ということになってしまいます。

佐々木　それを資本主義では「不幸」と呼びます。自分で稼いで快適な暮らしを手に入れられない人を「不幸な人」と呼ぶのです。

しかし仏教では、働かずに自分の好きなことだけやっている人こそが最高に幸せだと考えます。その実例が、お布施で生きている僧侶の暮らしです。

古舘　一般信者に托鉢する僧侶とホームレス、それからヒンドゥー教の放浪する修行者サドゥーと聖者も、全然境目がないですもんね。

佐々木　そうですね。たとえばホームレスが集まってサンガをつくり、日本の社会全体が「ホームレスの人たちも独自の価値観で暮らす、価値ある人たちだ」と承認すれば、ホームレスは立派な宗教集団になります。

古舘　人間の意識がいろいろなイデオロギーをつくり出し、社会が豊かになった一方で紛争が起こっている。そうした善も悪も孕《はら》んでいる人間至上主義の欲望を消滅させるのは無理でも、低下させないといけませんね。

自我の不必要な拡大が戦争を生む

古舘　僕はジョン・レノンの「イマジン」を聴くと、「自我を消しなさい」と訴えているように思えます。「想像してごらん、天国なんてないんだと。さあ想像してごらん、ただ今を生きているって。想像してごらん、国なんてないんだと」。世界のさまざまな国や地域で紛争が起こり、いまなお多くの人が犠牲となっています。こうした争いが起こるのは、自我が強くなりすぎるからではないでしょうか。

パレスチナ問題を見ると、一九四八年のイスラエル建国によってユダヤ人が押し寄せて以来、故郷を追われたパレスチナ人が「ふざけるな」と言って、アラブの象徴的な旗を持って各地でデモを起こしています。

一方、欧米ではユダヤ系の移民たちがイスラエルの旗を掲げ、「パレスチナは我々の先祖の土地だ」と抗議している。現地では殺戮《さつりく》が起き、アメリカや中国などの大国の思惑も絡みながら、とんでもない戦争を繰り返している。この争いの原因は自我そのものに思えます。どちらも残虐なことをやっているのに、「私はユダヤ人である」「私はパレスチナ人である」というアイデンティティがあるから、互いに相手のストーリーが許せない。

今後の世界で、釈迦の説いた諸法無我が科学とうまく合流しながら素晴らしい哲学として実践されれば戦争は減ると思うのですが、佐々木先生はどのようにお考えですか。

佐々木　おっしゃるように自我をなくしていけば、戦争は減少するかもしれません。「自我の延長」こそが争いの原因だからです。初めは自分という自我だったものが、次第に家族、民族、そして国家にまで肥大していく。

自分自身は被害者でも加害者でもないのに、民族や国家が主体となり「自分がやった、やられた」という意識に変わります。日常をただ暮らしているだけの人が、民族や国家に属しているると思い込む。だから国家の間で何かトラブルが起こると、まるで自分が当事者であるかのように認識してしまうわけです。

古舘　組織という枠組みの苦しみや怒りが輪廻していますね。

佐々木　なんらかの組織に属して活動する人間を良しとする風潮が戦争のおおもとです。たとえば日本人という国籍は、たまたま日本に生まれたから得られただけで、私は私です。だから、本当の私は日本人ではないのです。

でも、日本で生まれたなら日本人という立場でものを考えるでしょう。すると、日本と利害関係が対立する国の人は敵になってしまう。でも対立する国に友達がいたら、友達同士の間で利害の対立はないはずです。

私は、最も悪しき例はオリンピックだと思っています。オリンピックは、一人ひとりの個人が行なう競技を、いつの間にか国家間の争い事にしてしまった。自我を国レベルにまで拡大したのです。

古舘　表彰台の国旗掲揚もナショナリズムを高めてしまいますよね。

佐々木　あれも良くないです。

古舘　戦争の代理行為としてのスポーツだと言い換えられます。世界平和を目的としたスポーツの祭典だと掲げてオリンピックを開いても、戦争は起きますから。

佐々木　オリンピックによって紛争のない世界を実現しようなんて、話になりません。逆です。ありもしない集団に自己を投影し、「正しい自分たちが勝つことを喜び、正しくない他の連中が負けることを喜ぶ」という征服欲を増幅するイベントだと理解しておかなければいけません。

古舘　大和民族なんて遺伝子はないとわかっているのに、魂と国家を結びつけて「大和魂」と言って愛国原理主義になっていく。国家と国家が戦う。まさに自我と自我の戦いです。

固定観念を消すのは難しいですが、打ち破っていかなければいけません。国家なんて幻想なのだから、我々の意識の中にある「日本人」という自我を薄めないといけない。

佐々木　私がこういうことを言うと、「日本人じゃないなら日本にいなけりゃいいだろ」と反論する人が必ずいます。初めから「ここに日本という国があり、それは自分のものだ」という我欲で固まっていることがわかります。

大事なのは、自分の意見と違うことを言う人がいてもそれを容認するという姿勢です。私にとって大切なのは家族であり友人であり、そしてその大切な人たちを守ってくれる日本という国の統治体制です。それ以上のものではありません。しかしそこにあたかも日本国という実体があり、それを絶対的善であるかのように信奉していく姿は、私たち日本人を不幸へと導いていく誤った道だと思っています。多様性を認めるときに、初めて皆が平和に生きることができるのです。オリンピックはぜひとも、国家間ではなく個人間での競争イベントに変更してもらいたいものです。

古舘　昨今のウクライナ情勢を見ていると、ロシアのプーチンはもちろんひどい。一方でウクライナの権力が善だとも思えない。そのなかで、双方の命はどんどん失われていく……。でも、ウクライナのことを憂《うれ》いた一〇分後には、日常生活のなかで「あいつ嫌いなんだよね」ってくだらない文句を本気で言っているわけです。自我を低下させると言っておいて、やっぱり自我が強い。

「自分の言動がおかしいぞ」と思ったときに僕は、釈迦の「仏教メガネ」をかけて心の視力を矯正します。「いやいや、一〇分前の自分といまの自分は違っていて、いまはクリアになった」と自分の見方を直して、次へ進んでいこうとするわけです。いつも自分のずるさと向き合っています。

佐々木　「私はあの人が嫌いだ」と思うのは、おおもとにある自我の表出なので、ある種仕方のないことでしょう。しかし、「私」という個人が「私の町」や「私の国」という組織になるのは、自我の不必要な拡大です。

私たちがやるべきは、その我を順番に削っていくこと。コアになっている「私」を中心とした世界は消しにくいので、まずは「私の国」、次に「私の町」という自我の肥大を解消していきましょう。最も不合理な遠い部分から順に消していき、最後に行きつく「私」を消すということです。

古舘　そう考えると、戦争を起こしているのは、自我がある自分だということになる。このような意識を皆が持っていかないといけませんね。

佐々木　国や民族を愛すること自体は、決して悪いことではありません。日本人の素晴らしさが世界のニュースで取り上げられることもありますし、褒められると嬉しいのは当然です。

しかし自分たちだけが特別であると考えることは、一歩間違えると世の多くの争いの根本原因になることも理解しておく必要があります。どのような状況であっても、自分の欲求に合わせて都合よく世の中を捉えようとする自我を抑制し、つねに客観的な視点を持つことが大事です。

面白いのが人生なんだという定義は大間違い

古舘　ややスケールの大きい話が続いたので、個人のレベルの話に戻しましょうか。私が最近違和感を覚えているのは、「人生を楽しもう、面白いのが人生」というような言葉です。

笑いは苦しみを紛らわすための効能があると心理学で言われているようで結構なことですが、どこかそれでいいのかなと感じてしまうのです。

佐々木　正しい違和感だと思います。「面白くないことも真理である」と認識することが大事です。いまの時代は面白さを追求することが良しとされていますが、面白いことは必ずしも我々の幸福につながるとは限りません。

古舘　日本では釈迦の仏教を知らないまま生きている人が大半だと思います。大乗仏教のあの世の設定を信じていないにせよ、お経はストーリーが面白く、日本人に馴染みやすくつくられています。その世界観で生きている人に、釈迦の仏教を理解してもらうことはとても難しいですよね。

佐々木　大乗仏教は最新型仏教ですからよくできています。だからといって、教義が面白ければ真実ということではありません。世俗の楽しいという気持ちと、私たちが真理を知って楽しいという気持ちは、楽しさの概念が全然違います。

世俗の楽しみは、日常の嫌なフラストレーションを覆い隠すための代替措置です。本当の楽しさというのは、真理を知った自分が、そのことを実感しながら生きていることなのです。

「楽しい」「嬉しい」「面白い」という言葉で表してしまうと混乱しますよね。日本語は複雑で、同じ単語が全然違う概念を持つことがあります。「よい」もそうです。「善業を積んでよいところに生まれる」の「よい」と、「業の世界を逃れたところに、涅槃というよい境地がある」とでは、概念が違います。「よい」という言葉を使うときに、一つずつ区分けしていくと、考えが明確化していきますよ。

古舘　大乗仏教の世界観では、「楽しくないことは嫌なこと」だと区分けしていると思いますが、「楽しい」と「嫌」は裏表一対でしょう。嫌なことがあるから楽しいこともあるわけで、縁起の中の一つだと思うんです。

だからいまは楽しいけれど未来永劫ではないと冷静に意見したところで、多くの人はわかっていながら「いちいち言うな」と思っています。このネガティブな固定観念を変えていかないといけませんよね。でも、大乗仏教が定着し、それも廃れそうになっている日本で釈迦の仏教を伝える難しさを感じます。

佐々木　もし浄土宗や浄土真宗が本当に極楽を信じていたら、「なぜ宇宙について解説している科学の本には、極楽のことが何も書いてないんだ」と文部科学省に抗議するはずですよ。アメリカで、創造論を信じているキリスト教のファンダメンタリスト（原理主義者）が、進化論を絶対に認めないと裁判を起こすことがあるでしょう。でも、同じように大乗仏教の信者が声を上げることはないですね。

古舘　「大乗仏教の壁」とでも言うのか、「いい加減がいい」という日本の宗教の壁ですね。

佐々木　仏教は神を想定しないので、釈迦の教えを信じない人間を罰せよとか、釈迦の教えを全世界の人間に広めよといった使命を持ちません。要は、仏教が広まろうが広まるまいがどうでもいいというのがもともとの原則です。だから釈迦の仏教には優しさが出るのです。

それに対して、外部の絶対存在に身を任そうとする大乗仏教では、その絶対存在の正当性をめぐって宗派間で激しい争いが繰り広げられる時代もありました。とくに、律蔵という法律を持たない日本仏教は暴力性が強かったのです。しかしいままでは、教義そのものに対する信頼感が薄れてきたため、宗教間対立はほぼ終息しています。皮肉なことですが。

古舘　大乗仏教は救われる良い教えだけど、いまの時代と合わなくなってきていますよね。京都は古き都だから別格として、東京や大阪の大都会はメモリアルホールだらけ。密葬や直葬も増えて、仏教や神道の儀式からも離れています。

「あとからそっちに行くからね」って言っても、見送る側があの世を信じていないから、送り届ける場所がない。だから、そもそも葬式自体をやる必要がない。物流の二〇二四年問題と同じです。Amazonがあの世に直送してくれるなんて大間違いですよ。そんなに働き手がいないんだから。

一方、地方に行くと寺がまだ強くて、メモリアルホールがない。檀家になっていなかったら、葬儀屋が特別に寺で葬式ができるように間を取るようになっています。だから田舎では葬式仏教って言われる例が濃くあるのでしょう。

先祖供養のために墓を守ることも大事だと思います。僕も、死んでいった父や母、姉とつながりたいという気持ちは主観的宗教にありますから、やっぱり墓参りはするわけです。でも、真理では墓の中に収まっているのは魂ではなく、構成要素のカルシウムだなとも思いながらも、気休めとして墓石に一所懸命に水をかけています。

佐々木　気休めは大事ですよ。人は合理性だけでは生きられない。たとえありえないような仮想現実であっても、それを糧《かて》にして、つらい人生を一歩一歩先に進むことはできる。大乗仏教には大乗仏教としての大きな存在価値があるわけです。

古舘　僕が死んだときは盛大な葬式をやってほしいとは思いませんが、自分の実況で自らを送り出したいっていう訳のわからない自我はあります（笑）。

佐々木　古舘さんらしいですね（笑）。

現代人は「こころ教」に陥っている

古舘　日本の仏教は最先端の密教から入ってきましたが、今後どうなっていくのでしょう。

佐々木　現代社会になって、とうとう一番おおもとの釈迦の仏教まで伝わってきましたからね。

古舘　だからもうあとは、仏教の前のバラモン教でしょうか（笑）。今後の宗教は科学とうまく擦り合わせできるかが鍵になると思うのですが、佐々木先生が著書で伝えている「こころ教」について、具体的に教えていただけますか。

佐々木　私は、こころ教という言葉を決して良い意味では使っていません。こころ教というのは、宗教が持つ本質的な世界観を本心では信じていない人たちが、スピリチュアルな言説を使うことで宗教的な雰囲気だけを醸し出そうとする状況を指しています。いわゆるポピュリズム宗教です。現代は仏教だけでなく、多くの宗教がこころ教になってきているように思います。

科学的世界観が主流となり、従来の神秘的な世界を素直に信じることのできなくなった現代では、なんとなく宗教的雰囲気を感じさせる漠然としたワードで宗教を語ろうとする宗教者が多くなってきました。現実にはありえない事柄を「それはじつはこころの中にあるのです」といった言い方で納得させようとするのです。私が考えるこころ教のキーワードは三つです。「こころ」と「いのち」、それから動詞として「生きる」です。この三つの単語を組み合わせれば、いかにも宗教的な言説のように聞こえます。

たとえば、「命が心を生きている」などという意味不明なキャッチフレーズが仏教の教えとして語られています。それが影響してか、大阪・関西万博のテーマまで「いのち輝く未来社会のデザイン」などと言い出しました。いまの世の中には、なんとなく良いことを言っているようで、じつは意味不明な言葉が満ちあふれています。こころ教全盛期ですね。

しかしこころ教では人は救えません。なぜなら、言葉を発している人自身がその言葉の意味を理解していないからです。初めから意味不明なのだから意味をつかめるはずがない。とくに仏教の場合、「生きる」が入ってくること自体がとんでもないことです。

古舘　「生きることが苦しみ」という釈迦の仏教の教義からすると、おかしな言葉ですね。ただ僕は、訳がわからない言葉でも、聞こえが良いほうが「幸せになれるよね」って受け入れやすく、江戸時代の「ええじゃないか運動」と同じように感じます。こころ教が一度認められてしまえば、釈迦の教えを真正面から説いて冷や水を浴びせたところで止まらない気もします。

佐々木　すべての人の心にスッと軽く入ってくるこころ教の教えは、じつは何も言っていないのと同じです。ただ、一時的ではあっても優しい言葉で救われる人がいるなら、それはそれで宗教の一つのあり方です。あくまで一時の気休めですが。

科学の進展が仏教界に与える衝撃

古舘　今後は信憑性のある科学的なアプローチが重要になってくるように思います。先ほども話した生物学者の福岡伸一先生が提唱する「動的平衡」は、構成要素が死んで生まれてを絶え間なく繰り返し、固定した生物はどこにもいないという概念が、釈迦の仏教に対応しています。

佐々木　科学と釈迦の仏教は同じことを言っているわけではないけれども、矛盾しません。一人の人間の価値観の中に、両立できる二つの思想があるだけです。だから科学的な日常を送りながら、仏教的に人生を形づくることは十分可能なわけです。

科学者の中には科学と仏教の親和性に気づいている方もおられます。私自身が科学と仏教を両立させる生き方をしていますから、まったくそのとおりだと思います。

古舘　釈迦の真理を信じながら、大乗仏教からファンタジックな世界観を取り除いた生き方や、宇宙のエネルギーを主観的宗教として持っている僕のようなハイブリッドに賛同できる人には、釈迦の仏教はすごく響くと思います。でも、思想の一本化を望む人には釈迦の仏教は合いませんね。

佐々木　そこが諸法無我の本質だと思います。一本化しなくてもいいという思想は、無我だからできるのです。

古舘　自我が出た瞬間に、一本化が始まる。

佐々木　そういうことです。一本化を望んでいること自体がもう我の極みですからね。

古舘　自分の心なんて、細胞の生き死にのレベルじゃないくらいハイスピードで刻一刻と変わっていますからね。

佐々木　「私というものは実在している。私の心は不変の実在だ」と思い込みたいのです。

古舘　自我を下支えしている最高の柱が記憶ならば、まず記憶を疑うということが大事になりそうです。

佐々木　認知神経科学者で『サブリミナル・マインド』（中公新書）著者の下條《しもじょう》信輔《しんすけ》先生が、まさにその実験をされています。我々がいかに記憶を勝手に捻じ曲げて、自我を想定しているかということを証明しつつあります。

すなわち、仏教が心理学の科学実験として実証されつつあるということです。私たちが確かに記憶したと思っているものが、じつは自分の思い込みでつくられたものだということを、被験者を用いたさまざまな実験で実証なさっています。

古舘　諸行無常と諸法無我を完全に科学的に捉えていくってことですよね。

佐々木　記憶の仕組みが解明されれば、仏教界にも大きな衝撃を与えるのではないかと思います。釈迦は「自分自身の問題に焦点を合わせ、努力して絶対の安楽への道を歩め」と言っています。釈迦の教えや世界観を理解し、どんな形であれ生活の中で実践することが、人生を歩むうえでの指針となるでしょう。とくに「老・病・死」に悩み、人生後半をどう生きるのか迷っている人には大きな示唆になるはずです。

古舘　そのためには、一人でも多くの人に釈迦の仏教に興味を持ってもらわなければいけませんね。

佐々木　いまこうして古舘さんと対談しているのは、釈迦が私をスポークスマンとして語るのに相応しい者だと思って、導いてくれているのでしょう。

古舘　でも、僕は釈迦の教えを口頭で伝えたいという欲求が苦しみの因です。釈迦の仏教についてもっと知りたいと思う人が一％でも増えるように、まずはエンドレスで喋る自我を縮めていかないと（笑）。これからも釈迦の推し活を続けながら真理を学び、その智慧の力を磨いていかなければいけませんね。

おわりに——佐々木 閑

二〇一九年の九月、私が勤める花園大学の事務局から連絡が入り、古舘伊知郎さんが私との面会を希望しておられるという伝言を受けました。あのプロレス中継で有名な、F1解説で有名な、そして「報道ステーション」のメインキャスターで有名な古舘さんが、古代インド仏教学の研究者である私にいったい何の御用なのかと首をかしげましたが、「会いなさい」というブッダの声が聞こえたような気がしたものですから、翌月の十月一日に花園大学の応接室でお目にかかりました。

お会いしてすぐ、真摯誠実なお人柄であることがわかってまずは胸をなでおろし、決して一人語りに夢中になって相手をないがしろにするような傲慢な方ではないということで肩の凝《こ》りも消え、気遣いと温情をごくごく自然な形で表出なさる謙虚な方であると知って私の口も軽くなりました。そしてそこから二人の間で、延々と仏教談義が始まりました。釈迦牟尼（お釈迦様）の教えの本質をよく理解したうえでさまざまな質問を投げかけてこられるものですから、私も滅多にない機会だということで嬉しくなってどんどんお答えする。そんなやり取りが三時間も続いて、その間、事務局の人たちは「あの二人は応接間に三時間も閉じこもって何をしているのだろう」と心配していたのだそうです。楽しい時間でした。

本書の中でご自身が語っておられるように、最愛のお姉様をがんで亡くされたときの看取りの体験が棘《とげ》となって心に刺さり、「人の生き死に」を深く考えるようになった末に、人生の後半で釈迦牟尼の仏教に行き着いたとのご説明でした。たんなる「仏教大好き人間」なのではなく、数ある仏教の教えの中でも一番おおもとの、釈迦牟尼独自の教えに強く惹かれ、それを人生の道しるべにして生きておられるということを聞いて、「ああなるほど、私と同じだ。それで私のところへおいでになったのか」と得心しました。

釈迦牟尼が実際にどのような人物だったのかを知る術《すべ》はもうありません。しかし釈迦牟尼が私たちに何を伝えたかったのかは、残された多くの経典によって知ることができます。バラ色の未来、死後の魂の救済などを説く世の多くの宗教とは違って、釈迦牟尼は「生き続けたい、生き続けねばならない」という願望（と言うより強迫観念）を離れることが真の安楽だと説きました。より良い未来の暮らしを望むのではなく、より良い未来の暮らしを望む気持ちを捨てることが、最良の安心の道だと言うのです。

釈迦牟尼は、人びとを夢一杯の楽園に導いていこうなどとは考えませんでした。彼が悟り、そして説いたのは、この世に生まれて苦しんでいる生き物たちの心から、その苦しみを取り除くための方法です。仏教というのは本来、「生きていることは苦しみだ」と感じている人たち、生きる苦しみを実際に体験して心が閉塞状態にある人たちに働きかけ、その苦しみの枷《かせ》をはずし、平静で穏やかで恐れのない生き方を指し示す、そういう宗教なのです。

私は私なりの苦しい体験を通じて釈迦牟尼の教えを拠り所とするようになり、古舘さんはお姉様との悲痛な別れを体験したことによって釈迦牟尼の教えに行き着きました。二人が花園大学の応接室で出会えたのは、生きる苦しみからの解放こそが唯一最良の安楽だと説いてくださったお釈迦様のおかげです。

古舘さんは、「周りの人たちに釈迦の仏教の素晴らしさをあんまりしつこく語るものだから、友達が離れていくんです」と（ちょっと寂しそうに）言っておられましたが、それはそうでしょう。釈迦牟尼の教えは、どんな人でも幸せにする「幸せへの招待券」ではありません。それは、苦しい思いで生きている人にだけ効く特効薬なのです。

「私の話を聞いても、これといって素晴らしいことは何も起こらないけれど、生きる苦しみは間違いなく軽減できます」と言うのですから、普通に「自分はそこそこ幸せだ」と思って暮らしている人の胸を打つはずがありません。古舘さんの仏教の話を聞いた周りの人たちはきっと、「いま別に苦しんでもいないのに、苦しみを取り除く方法を聞いたってしようがないよ。それより何か、面白い話をしてよ」と思っておられたのでしょう。

仏教の話を聞いてもらいたいのに、みんなは真面目に対応してくれない。こんな古舘さんが感じておられる悩みは、皆さん驚かれるかもしれませんが、じつは釈迦牟尼が感じておられた悩みと同じなのです。

智慧深い釈迦牟尼は、教えを説いて回ってもほとんどの人が自分の言葉に耳を傾けてはくれないということを、初めから知っておられました。それがわかっているものですから当初は、「誰にも教えなど説かず、寿命が来るまで人知れず静かに暮らして、そのまま人知れず死んでいこう」と考えたのです。

しかしその気持ちを知った天の神々が、「そんなふうにお考えにならず、どうぞ教えを説いて回ってください。ほとんどの人はあなた様の言葉を聞こうとしないかもしれませんが、なかには、あなた様の言葉で苦しみから救われて感謝する人もいるのです。その人たちのことを思って、どうぞ教えを説き広めてください」と懇願し、「それならば」ということで釈迦牟尼は布教の旅に出ました。これが仏教という宗教がこの世に現れたきっかけです。

天から神様たちが降りてきたというのは架空の伝説ですが、仏教が「聞く人全員を仏教徒にしよう」などという傲慢な気持ちを持たない、「聞いてくれる人、聞きたいと願う人のためだけに役立つ宗教」だということを、このエピソードははっきりと主張しています。ですから釈迦牟尼は、真面目に聞いてくれない一般社会の大勢の人びとの中をてくてくと徒歩で回りながら教えを説き、数は少なくても、自分の教えに共感し、すがってくる人たちをすくい上げては弟子にし、すくい上げては弟子にして、仏教という宗教を広めていかれたのです。いまの古舘さんの状況と似ていますね。

これも古舘さんから聞いたことですが、仏教の話をすると、ほとんどの人が知らん顔で離れていく中にあって、時々、一人二人、古舘さんの話に真顔で耳を傾ける人がおられると言うのです。たぶん、人前では幸せそうにふるまっていても、心の奥には人に言えない苦しみや悲しみを抱えていて、毎日をつらい思いで生きておられる方なのだろうと拝察します。

古舘さんは「みんな離れていくんです」とおっしゃるのですが、お釈迦様だって「みんな離れていくんです」と思っておられたかもしれません。「みんな離れていくんだけれど、時々慕ってくれる人もいる。そんな人のために力を尽くして頑張ります」というのが釈迦牟尼の決意であり、そして（たぶん）古舘さんの決意でもあるのでしょう。

釈迦の仏教で生きる古舘さんのような方は、私にとっての心強い同志です。比類なき話術を具《そな》えた真摯なる釈迦教徒。減っていく友達の数など気にせず、人生後半、これからもずっと、仏教の素晴らしさを皆さんに語り続けてください。釈迦牟尼と一緒に歩んでいれば、それだけで友達一〇〇万人分ですから。

古舘伊知郎［ふるたち・いちろう］

フリーアナウンサー。1954年、東京都生まれ。立教大学を卒業後、テレビ朝日にアナウンサーとして入社。プロレス、F1の実況は「古舘節」と呼ばれ一世を風靡したのちにフリーに。「報道ステーション」のキャスターを12年間担当。立教大学経済学部客員教授。著書に『喋り屋いちろう』（集英社）など。

佐々木 閑［ささき・しずか］

花園大学特別教授。1956年、福井県生まれ。京都大学工学部工業化学科卒。京都大学大学院文学研究科博士課程満期退学。文学博士。専門は仏教哲学、古代インド仏教学。花園大学教授などを歴任。著書に『NHK「100分de名著」ブックス ブッダ 真理のことば』『大乗仏教』『宗教の本性』（いずれもNHK出版）など。

構成：キムラミワコ
編集：中西史也

PHP新書

PHP INTERFACE
https://www.php.co.jp/

人生後半、そろそろ仏教にふれよう

PHP新書 1399

二〇二四年七月二十六日 第一版第一刷

著者――古舘伊知郎／佐々木 閑
発行者――永田貴之
発行所――株式会社PHP研究所
東京本部――〒135-8137 江東区豊洲5-6-52
ビジネス・教養出版部 ☎03-3520-9615(編集)
普及部 ☎03-3520-9630(販売)
京都本部――〒601-8411 京都市南区西九条北ノ内町11
組版――有限会社メディアネット
装幀者――芦澤泰偉＋明石すみれ
印刷所
製本所――TOPPANクロレ株式会社

©Furutachi Ichiro / Sasaki Shizuka 2024 Printed in Japan
ISBN978-4-569-85739-8
※本書の無断複製（コピー・スキャン・デジタル化等）は著作権法で認められた場合を除き、禁じられています。また、本書を代行業者等に依頼してスキャンやデジタル化することは、いかなる場合でも認められておりません。
※落丁・乱丁本の場合は、弊社制作管理部（☎03-3520-9626）へご連絡ください。送料は弊社負担にて、お取り替えいたします。

ＰＨＰ新書刊行にあたって

「繁栄を通じて平和と幸福を」（PEACE and HAPPINESS through PROSPERITY）の願いのもと、ＰＨＰ研究所が創設されて今年で五十周年を迎えます。その歩みは、日本人が先の戦争を乗り越え、並々ならぬ努力を続けて、今日の繁栄を築き上げてきた軌跡に重なります。

しかし、平和で豊かな生活を手にした現在、多くの日本人は、自分が何のために生きているのか、どのように生きていきたいのかを、見失いつつあるように思われます。そして、その間にも、日本国内や世界のみならず地球規模での大きな変化が日々生起し、解決すべき問題となって私たちのもとに押し寄せてきます。

このような時代に人生の確かな価値を見出し、生きる喜びに満ちあふれた社会を実現するために、いま何が求められているのでしょうか。それは、先達が培ってきた知恵を紡ぎ直すこと、その上で自分たち一人一人がおかれた現実と進むべき未来について丹念に考えていくこと以外にはありません。

その営みは、単なる知識に終わらない深い思索へ、そしてよく生きるための哲学への旅でもあります。弊所が創設五十周年を迎えましたのを機に、ＰＨＰ新書を創刊し、この新たな旅を読者と共に歩んでいきたいと思っています。多くの読者の共感と支援を心よりお願いいたします。

一九九六年十月

ＰＨＰ研究所